그림과 회화 속에서 쉽게 배우는

주제별
영단어
4000

그림과 회화 속에서 쉽게 배우는

주제별 영단어

4000

이형석 지음

Vitamin Book
비타민북

머리말

근대에 들어 영국이 해가 지지 않는 제국(The empire on which the sun never sets)으로 3백 년을 군림했고 20세기 들어 미국이 유일초강국(only superpower)으로서 그 자리를 대체(replacement)함으로써 영어의 절대강자로서의 위치가 확고부동(unshakable)해졌습니다.

영어는 미국·영국 뿐 아니라 캐나다·호주를 위시하여 많은 나라에서 국제어(international language)로서 통용되고 있습니다. 특히 우리나라는 국가 독립(independence) 때부터 미국의 영향을 강하게 받았기에 영어 교육은 흔들림 없이 이루어졌습니다.

특히 근래에는 한글이 천대(ill-treatment)받고 영어는 더욱 기세를 얻고 있습니다. 전화국 ⇨ KT, 포항제철 ⇨ Posco, 담배인삼공사 ⇨ KT&G, 이렇게 한글을 버리고 아예 알파벳으로 기업명을 개명한(renamed) 곳이 늘어나고 있습니다.

이제 시대가 크게 변했으니 약소국 국민이라 영어를 공부해야 하는 것이 아니라, 완전한 국제화시대(globalization era)가 되었기 때문에 다양한 국가의 사람들과 교류(communication)하기 위해서 영어가 필요해졌습니다. 직접적 교류가 없더라도 미국 드라마를 즐기기 위해서라도 영어 공부가 필요합니다. 새로운 언어(new language)를 알게 되면 새로운 우주(new cosmos)를 경험하는 것입니다.

성인이 되어 영어를 공부하다보면 사실 단어 공부는 아무리 해도 부족합니다. 열심히 해도 모르는 단어가 계속 나옵니다. 새로운 어휘를 접하면 너무 쉽게 전자사전에 의존하지 마시고 종래의 종이 사전을 뒤적여보세요. 사전을 만지는 종이의 촉감을 느끼면 단어 암기에 도움이 됩니다. 영어 공부엔 왕도(royal road)가 없습니다. 새로운 단어를 공책에 정리도 해보시고 네이티브의 발음도 들어보세요.

이 책은 Theme별로 나누고 Unit별로 분류하였으므로 찾아보기가 쉽습니다. 수시로(anytime) 아무 페이지나 읽다보면 오래지 않아(before long) 전부 마스터(master)하시게 될 것입니다. 이 책이 독자 여러분의 실력 향상에 조금이라도 도움이 된다면 저자에게는 큰 보람을 느끼게 될 것입니다.

저자 드림

이 책의 구성

1 그림으로 배우는 단어

9개 테마로 분류하고 다시 테마별 작은 unit으로 나누어 다양한 주제별 어휘를 재미있게 외울 수 있도록 그림과 함께 실었다. 발음기호와 한글발음을 표기하여 초보자도 따라 읽기만 하면 쉽게 익힐 수 있도록 구성하였다.

Unit
10 **life** 인생

□ **birth** [bə:rθ] 버쓰 출생
□ **birthday** [bə́:rθdèi] 버스데이 생일
□ **baby** [béibi] 베이비 아기

□ **kid** [kid] 킷 꼬마
□ **childhood** [tʃáildh...]
촤일드후드 어린시절

2 예문을 통한 효과적인 학습

단어의 아래에는 실생활에서도 쉽게 활용 가능한 예문을 실어 효과적인 학습이 가능하도록 했다. 어려운 단어보다는 실제 우리의 일상생활에서 자주 접하는 어휘들을 사용하여 쉬운 영어 표현을 만들었으니 공부하다 보면 자연스럽게 영어에 대한 자신감도 높아질 것이다.

□ **department store**
[dipɑ́:rtmənt stɔ:r] 디팟먼트 스토어 백화점

After leaving school, I got a job in a department store.
학교 졸업 후 나는 백화점에 취업했다.

□ **hospital** [háspitl]
하스피틀 병원

3 관련단어와 동의어, 반의어

그림 단어와 관련된 테마의 단어(관련단어)를 보충하였고, 동의어 · 반의어를 제시하여 어휘의 폭을 한층 더 넓혔다.

□ **diligent** [díləʤənt] 딜리전트
부지런한(hard working)

↔ **lazy** [léizi] 레이지
게으른(idle)

□ **rude** [ruːd] 루드
무례한(impolite)

↔ **polite** [pəláit] 펄라잇
예의바른(courteous)

4 dialogue와 명언, 유머

각 unit 말미에 유명인들의 영어 명언과 유머를 실었다. 간결하지만 다양한 내용이 포함되어 있는 영어 원문을 보면서 명언의 의미를 생각해 보면 영어 실력을 향상시킬 뿐만 아니라 고급 영어도 익힐 수 있다.

Dialogue

A: May I have your phone number?
전화번호 좀 가르쳐주시겠어요?

Good words

When a wife has a good husband, it is easily seen in her face.
-Goethes-

Jokes

Two women were in a pub. One says to her mate.
두 여자가 술집에서 대화를 나눈다.

5 연습문제

테마가 끝날 때마다 연습문제를 두어 학습한 단어를 한 번 더 되새기며 스스로 테스트해 볼 수 있도록 하였다. 이로써 복습의 효과를 얻을 수 있다.

Self Test 연습문제

1 다음 인체 부위의 이름을 영어로 적어보세요.

a) 머리카락 _____
눈썹 _____   뺨 _____
코 _____   혀 _____
b) 머리 _____   어깨 _____
팔꿈치 _____
무릎 _____   발 _____

6 한글과 영어 색인

본문의 어휘를 가나다 순서에 따라 한글 색인과 알파벳 순서의 영어 단어 색인을 실어 찾아보기 쉽게 구성하였다.

Contents

Theme

society 사회

Theme

transportation 교통

C o n t e n t s

Theme **nature** 자연

부록

Index

Part

1 수

몇 살이에요?
How old are you?

서른다섯 살이에요.
I'm 35 years old.

단어

- ☐ 0 zero
- ☐ 1 one
- ☐ 2 two
- ☐ 3 three
- ☐ 4 four
- ☐ 5 five
- ☐ 6 six
- ☐ 7 seven
- ☐ 8 eight
- ☐ 9 nine
- ☐ 10 ten

Guess how old I am.
게스 하우 올드 아이 앰
제 나이를 맞혀 보세요.

I'm in my early thirties.
아임 인 마이 얼리 써티즈
30대 초반입니다.

I'd rather not tell you how old I am.
아이드 래더 낫 텔유 하우 올드 아이 앰
제 나이를 말하고 싶지 않네요.

You are (of) my age.
유아 (업) 마이 에이지
저와 동갑이시네요.

→ 숫자에 관련된 단어는 Theme1에서 확인하세요.

2 인간

가족은 몇 명이에요?

How many people are there in your family?

우리 식구는 네 명이에요.

There are four in my family.

단어

- ☐ grandfather 할아버지
- ☐ grandmother 할머니
- ☐ father 아버지
- ☐ mother 어머니
- ☐ parents 부모
- ☐ son 아들
- ☐ daughter 딸

- ☐ brother 형제
- ☐ sister 자매
- ☐ uncle 삼촌, 백부, 아저씨
- ☐ aunt 이모, 고모
- ☐ cousin 사촌
- ☐ nephew 조카

How old are your children?
하우 올드 아 유어 췰드런
자녀들은 몇 살이에요?

I have two sons, but no girls.
아이 햅 투 썬즈 벗 노우 걸즈
아들만 둘이고. 딸은 없어요.

My son is in elementary school.
마이 썬 이즈 엘리먼터리 스쿨
아들은 초등학생입니다.

I'm married[single].
아임 매리드 [싱글]
기혼[미혼]입니다.

→ 인간에 관련된 단어는 Theme2에서 확인하세요.

17

3 가정

어디에 사세요?
Where do you live?

아파트에 삽니다.
I live in an apartment.

□ detached house
   단독주택
□ mansion 저택
□ row houses 연립주택
□ studio 원룸
□ bedroom 침실

□ living room 거실
□ kitchen 주방
□ bathroom 욕실
□ refrigerator 냉장고
□ washing machine 세탁기
□ bed 침대

You have a very nice home.
유 해버 베리 나이스 홈
아주 멋진 집이군요!

Where did you get all this good furniture?
웨어 디쥬 게롤 디스 굿 퍼니쳐
어디에서 이런 근사한 가구를 구하셨나요?

Please come into the dining room.
플리즈 컴 인투 더 다이닝룸
식당으로 가시죠!

Won't you sit down?
원츄 씻 다운
앉으시죠.

→ 가정에 관련된 단어는 Theme3에서 확인하세요.

4 사회

증상이 어떠세요?
What are your symptoms?

열이 있습니다.
I have a fever.

단어

- □ city 도시
- □ police station 경찰서
- □ hospital 병원
- □ department store 백화점
- □ cinema 영화관
- □ school 학교
- □ library 도서관
- □ post office 우체국
- □ pharmacy 약국(drugstore)
- □ shop 가게
- □ convenience store 편의점

How are you feeling?
하우 아 유 필링
컨디션은 어때요?

Let me take your temperature.
렛미 테이큐어 템퍼러춰
체온을 재겠습니다.

I easily get tired these days.
아이 이질리 겟 타이어드 디즈 데이즈
요즘 쉽게 피로해져요.

You should take a rest.
유 슈 테이커 레스트
좀 쉬어야 해요.

→ 사회에 관련된 단어는 Theme4에서 확인하세요.

21

5 교통

택시!
Taxi!

다저스 스타디움으로 가 주세요.
To Dodger's stadium, please.

단어

- □ car 자동차(vehicle)
- □ subway 지하철
  (영 the Underground)
- □ train 열차
- □ airplane 비행기(aircraft)
- □ truck 트럭

- □ bus 버스
- □ Taxi 택시
- □ motorbike 오토바이
- □ scooter 스쿠터
- □ bicycle 자전거
- □ ship 배

Will you take me to this address?

윌 유 테익 미 투 디스 어드레스

이 주소로 좀 데려다 주시겠습니까?

Take me to Wall Street.

테익 미 투 월 스트릿

월스트리트까지 가 주세요.

It's quite a way.

잇스 콰이러 웨이

꽤 멀어요.

You took the wrong way.

유 툭 더 롱 웨이

길을 잘못 들었네요.

→ 교통에 관련된 단어는 Theme5에서 확인하세요.

6 업무

직업은 무엇입니까?
What's your job?

봉급 생활자입니다.
I'm a salaried man.

□ **salaried man**
　회사원, 월급쟁이(office employee)
□ **cook** 요리사
□ **baker** 제빵사
□ **entertainer** 연예인
□ **housewife** 주부
□ **policeman** 경찰관

□ **teacher** 교사
□ **sportsman** 운동 선수
□ **civil servant**
　공무원(public official)
□ **part-timer** 아르바이트 직원
□ **security guard** 경비원

I'm an office worker.
아이먼 오피스 워커
저는 사무직입니다.

I'm a freelance worker.
아임 어 프리랜스 워커
저는 프리랜서예요.

I'm just getting by.
아임 저슷 게링 바이
그럭저럭 버티고 있습니다.

I've decided to quit my job.
아이브 디싸이딧 투 큇 마이 잡
그만두기로 결심했어요.

→ 업무에 관련된 단어는 Theme6에서 확인하세요.

7 쇼핑

뭘 찾으세요?
What are you looking for?

저것 좀 보여 주실래요?
May I see that one, please?

단어

- □ tonic lotion 스킨
- □ compact 콤팩트
- □ perfume 향수
- □ lipstick 립스틱
- □ T-shirt 티셔츠
- □ blouse 블라우스
- □ skirt 치마
- □ pants 바지(trousers)
- □ (blue) jeans 청바지
- □ high heels 하이힐
- □ sneakers 운동화
- □ leather shoes 구두

Just looking around.
저슷 루킹 어라운드
그냥 둘러보는 겁니다.

Take your time.
테익 유어 타임
천천히 보십시오.

May I try it on?
메이 아이 추라이 잇 온
입어 봐도 됩니까?

It doesn't fit.
잇 더즌 핏
사이즈가 맞지 않아요

→ 쇼핑에 관련된 단어는 Theme7에서 확인하세요.

8 스포츠/취미

좋아하는 스포츠가 뭡니까?
What's your favorite sport?

난 스포츠 별로예요. 영화가 좋아요.
I don't care for sports. I love movies.

단어

- □ soccer 축구(football)
- □ baseball 야구
- □ basketball 농구
- □ volleyball 배구
- □ golf 골프
- □ tennis 테니스

- □ skiing 스키
- □ fishing 낚시
- □ horse back riding 승마
- □ swimming 수영
- □ work out
  헬스운동(weight lifting)

I like to travel.
아이 라익 투 추레벌
여행을 좋아합니다.

I really enjoy mountain climbing.
아이 리얼리 인조이 마운틴 클라이밍
등산을 정말 좋아합니다.

I sometimes go to the theater.
아이 섬타임즈 고우 투 더 씨어터
가끔 극장에 갑니다.

I have my lesson twice a week.
아이 햅 마이 레슨 트와이스 어 윅
일주일에 두 번 강습을 받습니다.

→ 스포츠/취미에 관련된 단어는 Theme8에서 확인하세요.

9 자연

날씨 좋죠?
Beautiful weather, isn't it?

화창해요.
It's sunny.

단어

- □ sunny 햇볕이 좋은
- □ rain 비
- □ shower 소나기
- □ snow 눈
- □ cloud 구름
- □ wind 바람
- □ yellow dust 황사
- □ fine dust 미세먼지
- □ rainbow 무지개
- □ lightning 번개
- □ earthquake 지진

It looks as if it's going to rain.
잇 룩스 애즈 이프 잇스 고잉 투 레인
비가 올 것 같네요.

I'm freezing.
아임 프리징
추워 죽겠어.

It looks like snow.
잇 룩스 라익 스노우
눈이 올 것 같아요.

The weather forecast was wrong.
더 웨더 포어케스트 워즈 렁
일기예보가 틀렸어요.

→ 자연에 관련된 단어는 Theme9에서 확인하세요.

Part

2

Theme 1

numbers 수

Unit

01 cardinal number 기수(基數)

☐ 1 **one** [wʌn] 원
☐ 2 **two** [tuː] 투
☐ 3 **three** [θriː] 쓰리

☐ 0 **zero** [zíərou]
지어로우

☐ 4 **four** [fɔːr] 포

☐ 5 **five** [faiv] 파이브

☐ 6 **six** [siks] 식스

☐ 7 **seven** [sévən] 쎄븐

☐ 8 **eight** [eit] 에잇

☐ 9 **nine** [nain] 나인

☐ 10 **ten** [ten] 텐

1 수

2 인간

3 가정

4 도시

5 교통

6 업무

7 쇼핑

8 스포츠/취미

9 지역

관련 단어

- [ ] 11 **eleven** [ilévən] 일레븐
- [ ] 12 **twelve** [twelv] 트웰브
- [ ] 13 **thirteen** [θə́ːrtíːn] 써틴
- [ ] 14 **fourteen** [fɔ́ːrtíːn] 포틴
- [ ] 15 **fifteen** [fiftíːn] 피프틴
- [ ] 16 **sixteen** [síkstíːn] 씩스틴
- [ ] 17 **seventeen** [sévəntíːn] 쎄븐틴
- [ ] 18 **eighteen** [éitíːn] 에이틴
- [ ] 19 **nineteen** [náintíːn] 나인틴
- [ ] 20 **twenty** [twénti] 트웬티

- [ ] 21 **twenty-one** [twénti wʌn] 트웬티원
- [ ] 30 **thirty** [θə́ːrti] 써티
- [ ] 40 **forty** [fɔ́ːrti] 포티
- [ ] 50 **fifty** [fífti] 피프티
- [ ] 60 **sixty** [síksti] 식스티
- [ ] 70 **seventy** [sévənti] 세븐티
- [ ] 80 **eighty** [éiti] 에이티
- [ ] 90 **ninety** [náinti] 나인티
- [ ] 100 **one hundred** [wʌn hʌ́ndrəd] 원헌드러드 (1백)

☐ 1,000 **one thousand** [wʌn θáuz-ənd] 원 싸우전드 (1천)

☐ 10,000 **ten thousand** [ten θáuz-ənd] 텐 싸우전드 (1만)

☐ 100,000 **one hundred thousand**
[wʌn hándrəd θáuz-ənd] 원 헌드러드 싸우전드 (10만)

☐ 1,000,000 **one million** [wʌn míljən] 원 밀리언 (백만)

☐ 10,000,000 **ten million** [ten míljən] 텐 밀리언 (천만)

우선은 10까지 익히고, 다음은 20까지 명칭을 외웁시다. 그 다음은 십단위로 외우면 됩니다. 21~99는 외우지 않아도 됩니다. 십단위에 일단위를 조합하면 됩니다.

예 24: twenty-four　　　56: fifty-six
　　85: eighty-five　　　99: ninety-nine

다음으로 우리말에선 백, 천, 만이라고 하면 100, 1000, 100000이 되지만 영어에선 꼭 one hundred(1백), one thousand(1천)라고 one을 붙입니다.

예 103: one hundred (and) three
　　164: one sixty-four = one hundred and sixty-four
　　1160: eleven sixty = one thousand, one hundred and sixty

또 백(百), 천(千), 만(萬), 억(億), 조(兆)에서 단위 명칭이 달라지는 것은 중국, 일본, 한국이 공통이지만 영어에서는 백(hundred), 천(thousand), 백만(million), 십억(billion)으로 단위 명칭이 달라집니다.

관련 단어

☐ **odd number** [ɔd nʌ́mbəːr] 오드 넘버 홀수

☐ **even number** [íːvən nʌ́mbəːr] 이븐 넘버 짝수

☐ **fraction** [frǽkʃən] 프랙션 분수

☐ **singular** [síŋgjulər] 싱귤러 단수의(↔ plural 복수의)

☐ **count** [kaunt] 카운트 세다, 계산하다 (↔ miscount 잘못 세다)

☐ **countable** [káuntəbl] 카운터블 셀 수 있는(↔ uncountable 셀 수 없는)

☐ **countless** [káuntlis] 카운틀리스 무수한, 셀 수 없이 많은(innumerable)

☐ **double** [dʌ́bəl] 더블 두배로 하다

☐ **add** [æd] 애드 더하다(↔ subtract 빼다)

☐ **multiply** [mʌ́ltəplài] 멀티플라이 곱하다(↔ divide 나누다)

☐ **accurate** [ǽkjərit] 애큐릿 정확한(precise, exact)

☐ **last** [læst, lɑːst] 라스트 마지막의

Dialogue

A: May I have your phone number?

전화번호 좀 가르쳐주시겠어요?

B: Sure. It's 010-7123-4567 (O one O seven one two three-four five six seven).

그럼요. 010-7123-4567입니다.

*전화번호나 호텔 객실 숫자를 읽을 때는 zero보다는 편하게 O[ou]가 많이 쓰인다. 보통 one hundred seventy six라고 배우지만 실제로 말할 땐 hundred를 생략한다. 그리고 천단위 숫자는 두 자리씩 나눠서 읽는다.

02 ordinal number 서수(序數)

날짜를 읽을 때는 서수로 읽습니다. 앞에서 배운 기본적인 숫자(one, two, three…)는 기수라고 하며 여기에서 배우는 서수라는 것은 순서를 나타내는 숫자 표현입니다. 예를 들면 '첫 번째, 두 번째, 제3차' 등입니다.

□ **1st first** [fə:rst] 퍼스트*　　　　　*표시는 철자에 주의할 것

□ **2nd second** [sékənd] 세컨드*

□ **3rd third** [θə:rd] 써드*

□ **4th fourth** [fɔ:rθ] 포쓰

□ **5th fifth** [fifθ] 피프쓰*

□ **6th sixth** [siksθ] 식스쓰

□ **7th seventh** [sévənθ] 쎄븐쓰

□ **8th eighth** [eitθ] 에잇쓰*

□ **9th ninth** [nainθ] 나인쓰*

□ **10th tenth** [tenθ] 텐쓰

□ **11th eleventh** [ilévənθ] 일레븐쓰

□ **12th twelfth** [twelfθ] 트웰프쓰*

□ **13th thirteenth** [θə:rtí:nθ] 써틴쓰

□ **14th fourteenth** [fɔ:rtí:nθ] 포틴쓰

□ **15th fifteenth** [fiftí:nθ] 피프틴쓰

□ **16th sixteenth** [síkstí:nθ] 씩스틴쓰

□ **17th seventeenth** [sévəntí:nθ] 쎄븐틴쓰

1 수

2 인간

3 가정

4 도시

5 교통

6 업무

7 쇼핑

8 스포츠/취미

9 지연

□ **18th eighteenth** [éitíːnθ] 에이틴쓰
□ **19th nineteenth** [náintíːnθ] 나인틴쓰
□ **20th twentieth** [twéntiiθ] 트웬티쓰*
□ **21st twenty-first** [twénti fəːrst] 트웬티퍼스트*

야구를 아는 분이라면 first, second, third는 들어보셨을 겁니다. 1루는 first base(퍼스트베이스), 2루는 second base(세컨드베이스), 1루수는 first base man이라고 하죠. 또 우리나라에서도 속어로 '숨겨놓은 여자'를 세컨드(본부인이 첫째라면 애인은 둘째가 되겠죠)라고 하죠. 그리고 대통령의 부인을 'first lady(퍼스트레이디)'라고 합니다. 첫인상은 first impression(퍼스트임프레션)이라고 합니다.

예 All of the family gathered to celebrate his 18th birthday party.

그의 열여덟번째 생일을 축하하기 위해 온가족이 모였다.

분수는 좀 복잡한데, 분자는 기수, 분모는 서수로 표현한다.

예 $\frac{1}{2}$ one half 원 핼 (a half) $\frac{1}{3}$ one third 원 써드

$\frac{1}{10}$ one tenth 원 텐쓰 $\frac{3}{4}$ three fourths 쓰리 포쓰

$1\frac{2}{3}$ one and two-thirds 원앤 투써즈

소수(decimal) 읽기는 우리와 비슷하다.

예 5.27 five point two seven 화이브 포인트 투 세븐
2.437 two point four three seven 투 포인트 포 쓰리 세븐

41

Unit 03 calculation 계산

☐ **width** [wiδ, wiθ]
윗쓰 가로, 폭

☐ **length** [leŋkθ]
렝쓰 세로, 길이

☐ **distance** [dístəns]
디스턴스 거리

☐ **area** [έəriə]
에어리어 넓이(면적)

☐ **weight** [weit]
웨이트 무게

☐ **volume** [válju:m / vólju:m] 볼륨 부피

☐ **height** [hait]
하이트 높이

☐ **thickness** [θíknis]
씨크니스 두께

☐ **depth** [depθ]
뎁쓰 깊이

☐ **speed** [spi:d] 스피드 속도

2 인간

3 가정

4 도시

5 교통

6 업무

7 쇼핑

8 스포츠/취미

9 자연

관련 단어

□ **size** [saiz] 사이즈 크기, 치수

□ **meter** [míːtər] 미터 미터

□ **square meter** [skwɛəːr míːtər] 스퀘어미터 평방미터

□ **gram** [græm] 그램 그램

□ **ton** [tʌn] 턴 톤

□ **liter** [líːtər] 리터 리터

□ **mile** [mail] 마일 마일 (1mile = 1.6km)

□ **milli-** [mílə-] 밀리 밀리(1/1,000)

□ **centi-** [séntə-] 센티 센티(1/100)

□ **kilo-** [kíːlou-] 킬로 킬로(*1,000)

□ **addition** [ədíʃən] 애디션 덧셈

□ **subtraction** [səbtrǽkʃən] 섭트랙션 뺄셈

□ **multiplication** [mʌltəplikéiʃən] 멀티플리케이션 곱셈

□ **division** [divíʒən] 디비전 나눗셈

□ **fraction** [frǽkʃən] 프랙션 분수

□ **decimal point** 데시멀 포인트 소수점

□ **average** [ǽvəridʒ] 애버리지 평균

Five plus nine equals fourteen.
5 더하기 9는 14

Ten divided by two equals five.
10 나누기 2는 5

Unit

04 shape 모양

□ **circle** [sə́:rkl] 써클 동그라미, 원

□ **triangle** [trái&ŋgəl]
트라이앵글 삼각형

□ **square** [skwɛə:r] 스퀘어 정사각형

A round man cannot be
expected to fit in a square hole
right away.

둥근 사람이 금방 네모 구멍에 맞을 거라고
기대할 수는 없다.

□ **rectangle** [réktæ̀ŋgəl]
렉탱글 직사각형

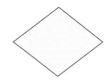

□ **rhombus** [rámbəs]
람버스 마름모(diamond)

□ **parallelogram**
[pæ̀rəléləgræm] 패럴렐러그램
평행사변형

□ **pentagon** [péntəgàn]
펜터간 오각형

44

☐ **hexagon** [héksəgàn] 헥서간 육각형
Hive is hexagon in shape.
벌집은 육각형 모양이다.

☐ **oval** [óuvəl] 오우벌 타원형

☐ **cylinder** [sílindər] 실린더 원기둥

☐ **cube** [kju:b]
큐브 정육면체

☐ **cone** [koun] 코운 원추형

☐ **pyramid** [pírəmìd] 피라미드 각뿔

☐ **sphere** [sfiər] 스피어 구(球)
The earth is a large sphere.
지구는 거대한 구형이다.

☐ **symmetry** [símətri] 시머트리 대칭(↔ asymmetry 비대칭)

☐ **round** [raund] 라운드 둥근(↔ square 사각의)

☐ **horizontal** [hɔ̀:rəzántl] 호러잔틀 수평의(↔ vertical 수직의)

☐ **sharp** [ʃa:rp] 샵 예리한(↔ blunt 뭉툭한)

1 수
2 인간
3 가정
4 도시
5 교통
6 업무
7 쇼핑
8 스포츠/취미
9 자연

05 calender 달력

season 계절

☐ **spring** [spriŋ] 스프링 봄

☐ **summer** [sʌ́mər] 써머 여름
One swallow does not make a summer.
제비 한 마리가 여름을 가져오는 것은 아니다.

☐ **winter** [wíntəːr] 윈터 겨울

☐ **autumn** [ɔ́ːtəm] 오텀 /
fall [fɔːl] 폴 가을

month 월

- □ **January** [dʒǽnjuèri] 재뉴어리 1월
- □ **February** [fébruèri] 풰브루어리 2월
- □ **March** [mɑːrtʃ] 마취 3월
- □ **April** [éiprəl] 에이프릴 4월
- □ **May** [mei] 메이 5월
- □ **June** [dʒuːn] 준 6월
- □ **July** [dʒuːlái] 줄라이 7월
- □ **August** [ɔ́ːgəst] 오거스트 8월
- □ **September** [səptémbər] 셉템버 9월
- □ **October** [ɑktóubər] 악토버 10월
- □ **November** [nouvémbəːr] 노우벰버 11월
- □ **December** [disémbər] 디셈버 12월
- □ **leap year** 립이어 윤년
- □ **solar calendar** 솔러 캘린더 양력
- □ **lunar calendar** 루너 캘린더 음력

2 인간

3 가정

4 도시

5 교통

6 업무

7 쇼핑

8 스포츠/취미

9 자연

Dialogue

A: When is your favorite season?
좋아하는 계절이 언제인가요?

B: I like summer. 여름을 좋아합니다.

A: Yeah? I like it too. 그래요? 저도 그래요.

47

☐ **birthday** [bə́:rθdèi]
버스데이 생일

☐ **New Year's Day**
뉴이어스데이 신정

☐ **Christmas Day** 크리스마스데이 성탄절

I eat everything I want on Christmas day.
나는 크리스마스날 먹고 싶은 걸 뭐든 먹는다.

관련 단어

☐ **anniversary** [ǽnəvə́:rsəri] 애니버서리 기념일

☐ **Lunar New Year's Day** 루너 뉴이어스데이 설날, 구정

I always go to my hometown on lunar New Year's Day.
음력설에는 항상 고향에 간다.

☐ **Valentine Day** 발렌타인데이 발렌타인데이

☐ **Easter** [í:stər] 이스터 부활절

☐ **Children's Day** 칠드런스데이 어린이날

□ **Parent's Day** 페어런츠데이 어버이날
□ **Independence Day** 인디펜던스데이 광복절
□ **Korean Thanksgiving Day** 커리언 쌩스기빙데이 추석
□ **wedding anniversary** 웨딩 애니버서리 결혼기념일
□ **Halloween** [hælouíːn] 핼러윈 할로윈데이
□ **the vernal equinox** [~ íːkwənàks] 붜늘 이퀴낙스 춘분
□ **the autumnal equinox** 오텀널 이퀴낙스 추분
□ **summer solstice** [~ sálstəs] 써머 살스티스 하지
□ **winter solstice** 윈터 살스티스 동지

2 인간
3 가정
4 도시
5 교통
6 업무
7 소핑
8 스포츠/취미
9 자연

Day 날, 요일

□ **Sunday** [sʌ́ndei] 썬데이 일요일
□ **Monday** [mʌ́ndei] 먼데이 월요일
□ **Tuesday** [tjúːzdei] 튜즈데이 화요일
□ **Wednesday** [wénzdèi] 웬즈데이 수요일
□ **Thursday** [θə́ːrzdei] 써즈데이 목요일
□ **Friday** [fráidei] 프라이데이 금요일
□ **Saturday** [sǽtəːrdèi] 새터데이 토요일

06 time 시간

☐ **hour** [áuər]
아워 시

→ ☐ **minute**
[mínit] 미닛 분

→ ☐ **second**
[sékənd] 세컨드 초

☐ **dawn** [dɔːn]
돈 새벽(daybreak)

☐ **morning**
[mɔ́ːrniŋ] 모닝 아침

☐ **noon** [nuːn]
눈 정오

☐ **daytime** [deítàim] 데이타임 낮
I love daytime television.
나는 대낮에 티비 보기를 좋아한다.

☐ **midnight**
[mídnàit] 밋나잇
자정, 한밤중

☐ **afternoon**
[æftərnúːn] 앱터눈 오후

☐ **evening** [íːvniŋ] 이브닝 저녁
☐ **night** [nait] 나잇 밤

□the day before yesterday

[ðə dei bifɔ́:r jéstə:rdèi] 더데이비포 에스터데이 **그저께**

□yesterday
[jéstə:rdèi] 예스터데이

어제

□today
[tədéi, tudéi] 투데이

오늘

□tomorrow
[təmɔ́:rou] 터머로우

내일

□the day after tomorrow

[ðə dei ǽftər təmɔ́:rou] 더데이 애프터 터머로우 **모레**

I'm getting married the day after tomorrow.
나는 모레 결혼한다.

관련 단어

□ **date** [deit] 데이트 **날짜**

□ **every day** 에브리데이 **매일**(daily)

□ **weekday** [wí:kdèi] 위크데이 **평일**

□ **weekend** [wí:kènd] 위켄드 **주말**

□ **next week** 넥스트위 **다음주**

□ **last week** 래스트 위크 **지난주**

□ **this week** 디스 위크 **금주, 이번주**

51

□ **every month** 에브리 먼쓰 매월(monthly)

□ **century** [séntʃuri] 센추리 세기

□ **decade** [dékeid] 디케이드 10년

□ **past** [pæst] 패스트 과거

□ **present** [prézənt] 프레즌트 현재

□ **future** [fjúːtʃəːr] 퓨처 미래

□ **previous** [príːviəs] 프리비어스 이전의, 바로 전의(preceding)

□ **following** [fálouiŋ] 팔로잉 다음의(next)

□ **temporary** [témpərèri] 템퍼레리 일시적인(↔ permanent 영구적인)

□ **sometimes** [sʌ́mtàimz] 섬타임즈 가끔

□ **later** [léitər] 레이터 나중에

□ **frequently** [fríːkwəntli] 프리퀀틀리 자주, 흔히

□ **for the first time** 포더 퍼스타임 처음에

□ **in the end** 인디 엔드 결국, 마지막에
   Everything is going to be alright in the end.
   결국은 다 잘 될 것이다.

□ **in those days** 인도우즈 데이즈 당시에는(↔ these days 요즘엔)

□ **in the past** 인더 패스트 과거에는

□ **at present** 앳프레젠트 현재에는(at the moment)

□ **near future** 니어 퓨처 조만간, 가까운 장래엔

□ **all day long** 올데이 롱 하루종일

□ **last night** 래슷나잇 어젯밤에

1 수

2 인간

3 가정

4 도시

5 교통

6 업무

7 쇼핑

8 스포츠취미

9 저녁

□ **tonight** [tənáit] 투나잇 오늘밤에

□ **at night** 앳나잇 밤에

□ **at sunset** 앳썬셋 해질 무렵

□ **at sunrise** 앳썬라이즈 해가 뜰 무렵

o'clock ~시

□ **2:10 two ten** 투 텐 2시 10분

□ **6:05 six five** 식스 화이브 6시 5분

□ **3:15 three fifteen** 쓰리 피프틴 3시 15분

= **a quarter after three** 어 쿼터 앱터 쓰리

□ **5:45 five forty-five** 화이브 포티화이브 5시 45분

= **a quarter to six** 어 쿼터 투 식쓰

*quarter는 1/4 이라는 뜻. 그래서 시계를 4등분하면 하나가 15분이 됨.

□ **7:30 seven thirty** 세븐 써티 7시 반

= **a half past seven** 어 해프 패스트 세븐

□ **4 a.m.** [fɔ:r éiém] 포에이엠 오전 4시

□ **6 p.m.** [siks pí:ém] 씩스피엠 오후 6시

□ **3:10 10 past 3** 텐 패스트 쓰리 3시 10분

= **10 after 3** 텐 앱터 쓰리

□ **4:50 10 to 5** 텐투 화이브 5시 10분 전(4시 50분)

= **10 before 5** 텐 비포 화이브

53

It is almost 3.
거의 세시가 되었다.

Do you have the time? = What time is it?
지금 몇 시인가요?

Let's meet at seven sharp.
7시 정각에 만나자.

Q: Why did Tommy throw the clock out of the window?

토미는 왜 시계를 창밖으로 집어 던졌을까?

A: Because he wanted to see time fly!

왜냐하면 시간이 날아가는지 보고 싶어서.

*영어 속담에 Time flies like an arrow. (시간은 화살처럼 날아간다 = 시간은 빨리
흘러간다)라는 말이 있으니까 이를 빗댄 조크.

1 다음 숫자를 영어로 적어보세요.

a) 27 _____   b) 67 _____

c) 146 _____   d) 2245 _____

e) $\frac{1}{3}$ _____   f) $1\frac{2}{5}$ _____

2 다음 단어의 뜻을 우리말로 적어 보세요.

a) weight _____   distance _____

thickness _____   subtraction _____

b) volume _____   area _____

fraction _____   average _____

3 다음 도형과 단어를 맞게 연결해 보세요.

・   ・   ・   ・

・   ・   ・   ・

rectangle   pentagon   circle   cone

4 영어로 빈칸 채우기

a) Winter is from _____ to _____.

여름은 6월부터 8월까지다.

b) 수요일 _____   토요일 _____

c) _____(어제)   today(오늘)   _____ (내일)

d) morning(아침)   noon(정오)   _____ (오후)

_____ (저녁)   night(밤)

e) _____(과거)   _____(현재)

_____(미래)   _____(매일)

5 다음 어구를 해석하세요.

a) for the first time _____

b) in those days _____

c) in the end _____

d) all day long _____

6 시간 말하기

a) 2:15 _____   b) 2시 8분 전 _____

c) 8시 정각 _____   d) 9시 반 _____

e) 7시 10분전 _____   f) 6시 정각 _____

7 다음 우리말을 영어로 써보세요.

a) 지난주 _____   이번주 _____   다음주 _____

b) 과거 _____   현재 _____   미래 _____

c) 그저께 _____   모레 _____

1 a) twenty-seven b) sixty seven c) one (hundred) forty-six
d) two thousand two hundred and forty-five e) one third
f) one and two fifths

2 a) 무게, 거리, 두께, 뺄셈 b) 부피, 면적, 분수, 평균

3

rectangle   pentagon   circle   cone

4 a) June, August b) Wednesday, Saturday c) yesterday, tomorrow
d) afternoon, evening e) past, present, future, everyday

5 a) 처음으로 b) 그 당시에 c) 결국 d) 하루종일

6 a) two fifteen / a quarter past two b) eight to two / one fifty-two
c) eight o'clock d) nine thirty / a half after nine e) ten to seven f) six sharp

7 a) last week, this week, next week b) past, present, future
c) the day before yesterday, the day after tomorrow

Theme 2

human 인간

01 human body 인체

head 머리

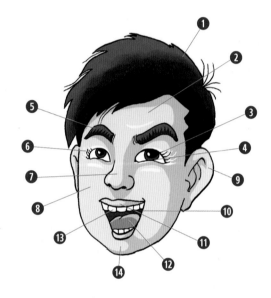

❶ hair [hɛər] 헤어 머리카락

❷ forehead [fɔ́:rid] 포어리드 이마

❸ eye [ai] 아이 눈

❹ pupil [pjú:pəl] 퓨펄 눈동자

❺ eyebrow [aíbràu] 아이브라우 눈썹

❻ eyelid [áilid] 아일리드 눈꺼풀

❼ nose [nouz] 노우즈 코

❽ cheek [tʃi:k] 치크 볼(뺨)

1 수

2 인간

3 가정

4 도시

5 교통

6 얼굴

7 쇼핑

8 스포츠/취미

9 자연

❾ ear [iər] 이어 귀

❿ mouth [mauθ] 마우스 입

It is better to keep your mouth closed.
입을 닫고 있는 것이 낫다.

⓫ lips [lips] 립스 입술

⓬ tongue [tʌŋ] 텅 혀

⓭ tooth [tu:θ] 투쓰 이 (복수형 teeth)

⓮ chin [tʃin] 친 턱

관련 단어

☐ **dimple** [dímpəl] 딤플 보조개

☐ **mole** [moul] 모울 점

☐ **wrinkle** [ríŋkəl] 링클 주름

☐ **dark spot** 닥스팟 검버섯

☐ **acne** [ǽkni] 애크니 여드름

☐ **sideburns** [sáidbə̀:rnz] 사이드번즈 구레나룻

☐ **mustache** [mʌ́stæʃ] 머스터쉬 콧수염

☐ **beard** [biərd] 비어드 턱수염

☐ **skull** [skʌl] 스컬 두개골

☐ **cheekbone** [tʃíkbòun] 취크보운 광대뼈

☐ **gum** [gʌm] 검 잇몸

61

front body 앞모습

❶ **neck** [nek] 넥 목

❷ **arm** [ɑːrm] 암 팔

❸ **chest** [tʃest] 체스트 가슴

    breast [brest] 브레스트 가슴, 유방

    nipple [nípl] 니플 유두

    armpit [ɑ́ːrmpìt] 암핏 겨드랑이

❹ **shoulder** [ʃóuldər] 쇼울더 어깨

❺ **hand** [hænd] 핸드 손

❻ **stomach** [stʌ́mək]
    스터먹 배(belly)

❼ **navel** [néivəl] 네이벌 배꼽

❽ **rib cage** [rib keidʒ] 립 케이지 갈비뼈

❾ **pelvis** [pélvis] 펠비스 골반

❿ **leg** [leg] 렉 다리

A lie has no leg, but a scandal has
wings.
거짓말에는 다리가 없으나 스캔들에는 날개가
있다.

⓫ **knee** [niː] 니– 무릎

⓬ **ankle** [ǽŋkl] 앵클 발목

⓭ **foot** [fut] 푸트 발 (복수형 feet)

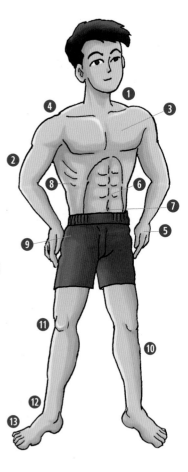

back body 뒷모습

- **back of the head**
  백업더헬 뒤통수

- **back** [bæk] 백 등

- **elbow** [élbou] 엘보우 팔꿈치

- **hip** [hip] 힙 엉덩이

- **thigh** [θai] 싸이 허벅지

- **calf** [kæf] 캘프 종아리

- **heel** [hi:l] 힐 뒤꿈치

- **toe** [tou] 토우 발가락

- **the sole of a foot**
  더소울어버풋 발바닥

- **big toe** 빅토우 엄지 발가락

1 수

2 인간

3 가정

4 도시

5 교통

6 업무

7 쇼핑

8 스포츠/취미

9 자연

hand 손

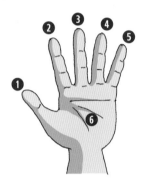

❶ thumb [θʌm] 썸 엄지

❷ index finger 인덕스 핑거 인지

❸ middle finger 미들 핑거 중지

❹ ring finger 링 핑거 약지

❺ little finger 리틀 핑거 새끼손가락

❻ palm [pɑːm] 팜 손바닥

관련 단어

☐ **fist** [fist] 피스트 주먹

☐ **wrist** [rist] 리스트 손목

☐ **finger** [fíŋgər] 핑거 손가락

A ring is a halo on your finger.
반지는 손가락에 낀 후광이다.

☐ **the back of the hand** 더 백업더 핸드 손등

☐ **fingernail** [fíŋgərneil] 핑거네일 손톱

☐ **the lines of the palm** 더라인즈 업더팜 손금

1 수

2 인간

3 가정

4 도시

5 교통

6 업무

7 쇼핑

8 스포츠/취미

9 저녁

Dialogue

A: What is she like?

그녀 외모는 어때?

B: She has a very pretty face.

그녀는 얼굴이 아주 예뻐.

Good words

When a wife has a good husband, it is easily seen in her face.
-Goethes-

좋은 남편을 둔 아내는 얼굴 표정을 보면 쉽게 알 수 있다.
-괴테-

organs 기관

❶ heart [hɑːrt] 하트 심장

❷ lung [lʌŋ] 렁 폐

❸ liver [lívər] 리버 간
My liver began to hurt a few year ago.
몇 년 전에 간이 나빠지기 시작했어.

❹ kidney [kídni] 키드니 신장, 콩팥

❺ small intestine 스몰 인테스틴 소장

❻ large intestine [~intéstin]
라지 인테스틴 대장(bowel)

❼ appendix [əpéndiks] 어펜딕스 맹장

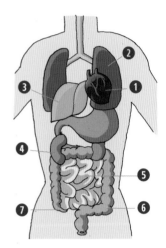

☐ **brain** [brein] 브레인 뇌

☐ **spine** [spain] 척추

☐ **bladder** [blǽdər] 블래더 방광

☐ **joint** [dʒɔint] 조인트 관절

☐ **blood** [blʌd] 블럿 피
I actually have very low blood pressure.
난 사실 아주 저혈압이다.

☐ **blood vessel** [blʌd vésəl] 블럿베슬 혈관

☐ **respiratory organs** [réspərətɔ̀ːri ~] 레스퍼러토리 올건즈 **호흡기**

관련 단어

☐ **bone** [boun] 보운 뼈

☐ **muscle** [mʌ́səl] 머슬 근육

□ **skin** [skin] 스킨 피부

□ **flesh** [fleʃ] 플레쉬 살

□ **neuron** [njúərɑn] 뉴어런 신경

□ **cell** [sel] 셀 세포

□ **palate** [pǽlət] 팰럿 입천장

□ **throat** [θrout] 스로웃 목구멍

□ **uvula** [júːvjulə] 유벌러 목젖

□ **anus** [éinəs] 에이너스 항문

□ **prostate** [prásteit] 프라스테이트 전립선

□ **urethra** [juəríːθrə] 유어리스라 요도

□ **genitals** [dʒénitlz] 제니틀즈 생식기

□ **penis** [píːnis] 피니스 음경

□ **glans penis** [glænz~] 글랜즈 피니스 귀두

□ **testicle** [téstikl] 테스티클 고환

□ **vagina** [vədʒáinə] 버자이너 질

□ **womb** [wuːm] 움 자궁

□ **ovary** [óuvəri] 오우버리 난소

Good words

The human voice is the organ of the soul. -Henry Longfellow-

사람의 목소리는 영혼의 기관이다. -헨리 롱펠로우-

67

02 physiology 생리 작용

□ **sigh** [sai] 싸이 한숨

□ **cough** [kɔ(ː)f] 코프 기침

□ **sneeze** [sniːz] 스니즈 재채기

□ **sweat** [swet] 스웻 땀

□ **fart** [faːrt] 퐈트 방귀(wind, gas)

□ **urine** [júərin] 유어린 소변(pee)

□ **tear** [tiə:r] 티어 눈물

관련 단어

□ **involuntarily** [inváləntèrəli] 인발런테릴리 본의 아니게, 무의식적으로
I farted involuntarily in front of her.
나는 그녀 앞에서 본의 아니게 방귀를 꾸었다.

□ **urinate** [júərənèit] 유러네이트 소변보다

□ **feces** [fíːsiːz] 피시즈 대변(stool)

□ **saliva** [səláivə] 설리버 침, 타액

□ **spit** [spit] 스핏 침 뱉다

□ **vomit** [vámit] 봐밋 토하다(throw up), 구토(puke)

□ **phlegm** [flem] 플렘 가래, 담

□ **yawn** [jɔːn] 욘 하품

□ **feel ticklish** 필 티클리쉬 간지럽다

□ **be numbed** 비 넘드 저리다, 무감각하다

□ **spasm** [spǽzm] 스패점 경련, 발작(cramp)

□ **have a seizure** [~ síːʒər] 해버 씨저 발작하다

□ **breath** [breθ] 브리쓰 호흡

□ **inspire** [inspáiər] 인스파이어 숨을 들이쉬다, 고무시키다(↔ expire 숨을 내쉬다)

□ **hiccup** [híkʌp] 히컵 딸꾹질

1 수
2 인간
3 가정
4 도시
5 교통
6 업무
7 쇼핑
8 스포츠/취미
9 자연

☐ **burp** [bə:rp] 버-프 트림

☐ **goose bumps** [gu:s bʌmps] 구스범스 소름(gooseflesh)

☐ **get goose bumps** 겟 구스범스 소름 끼치다

☐ **stretch** [stretʃ] 스트레취 기지개

☐ **stretch one's body** 스트레취 원스 바디 기지개 켜다

☐ **dream** [dri:m] 드림 꿈

☐ **have a dream** 해버드림 꿈꾸다

☐ **unconscious** [ənkánʃəs] 언칸셔스 무의식의, 모르는
There was smoke everywhere and I became unconscious.
사방에 연기가 가득했고 나는 정신을 잃었다.

☐ **earwax** [irwǽks] 이르왝스 귀지

☐ **nasal discharge** [néizəl distʃá:rdʒ] 네이설 디스차쥐 콧물

☐ **period** [pí:əriəd] 피리어드 생리, 월경(menses)
be in one's menses 생리중이다

☐ **fainting** [féintiŋ] 페인팅 기절

☐ **go faint** 고우페인트 기절하다

☐ **voice** [vɔis] 보이스 목소리

☐ **sound** [saund] 사운드 소리

☐ **audible** [ɔ́:dəbl] 오더블 알아들을 수 있는

☐ **hear** [hiər] 히어 듣다, 들리다

☐ **listen** [lísən] 리슨 듣다, 청취하다

☐ **look** [luk] 룩 보다, 보이다

□ **touch** [tʌtʃ] 터취 닿다, 만지다
□ **taste** [teist] 테이숫 맛;맛보다
□ **catch** [kætʃ] 캐취 잡다

Good words

An onion can make people cry, but there has never been a vegetable invented to make them laugh.
-Will Rogers-

양파는 사람을 울게 할 수 있다. 하지만 사람을 웃게 할 수 있는 야채는 아직 발명된 적이 없다.
-윌 로저스-

71

03 daily activities 일상활동

□ **wake up** 웨이컵
(잠에서) 깨다

□ **brush my teeth**
[brʌʃ mai ti:θ] 브러시 마이티스

이를 닦다

□ **shave** [ʃeiv] 쉐이브 면도하다

□ **wash my face** [wɑʃ mai feis]
와쉬마이페이스 내 얼굴을 씻다

□ **comb my hair** [koum mai hɛər] 코움마이헤어 내 머리를 빗다

□ **get dressed** [get drest]
겟드레스트 옷 입다(wear clothes)

72

1 수

2 일간

3 가정

4 도시

5 교통

6 업무

7 쇼핑

8 스포츠/취미

9 자연

□ **go to work** [gou tə wəːrk]

고우투워ㅋ 출근하다(come to the office)

□ **eat lunch** [iːt lʌntʃ]

이트런치 점심먹다

□ **take a shower**

[teik əʃáuəːr] 테이커 샤워 샤워하다

□ **watch TV** [wɑtʃ tíːvíː]

와치티비 TV를 보다

□ **listen to music**

[lísən tə mjúːzik] 리슨투 뮤직

음악을 듣다

□ **go to bed**

[gou tə bed] 고우투벳

잠자리에 들다

☐ **get up** [get ʌp] 겟업 일어나다

☐ **keep early hours** 킵얼리 아워즈 일찍 자고 일찍 일어나다

☐ **dry one's face** 드라이원스 페이스 얼굴을 닦다(물기를)

☐ **put on makeup** [~méikÀp] 풋언 메이컵 화장하다

☐ **have breakfast** 햅 브렉퍼스트 아침을 먹다

☐ **get on the subway** 게론더 섭웨이 지하철을 타다(take a train)

☐ **drive my own car** 드라입 마이오운카 내 차를 운전하다

☐ **be at work** 비앳웍 근무하다(work for the company)

☐ **have a cup of coffee** 해버 컵업 커피 커피 한 잔 마시다

☐ **take a nap** [teik ə næp] 테이커 냅 낮잠자다

☐ **leave work** 립 웍 퇴근하다(get off work)

☐ **take a bath** 테이커 배쓰 목욕하다

☐ **do the laundry** 두더 론드리 빨래하다(wash the clothes)

☐ **clean the room** 클린더룸 방을 청소하다

☐ **do cooking** 두쿠킹 요리하다

☐ **work out regularly** 워카웃 레귤럴리 규칙적으로 운동하다(get exercise)

☐ **take a walk** 테이커웍 산책하다

☐ **habit** [hǽbit] 해빗 버릇, 습관(practice)

Unit

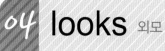

04 looks 외모

□ **weight** [weit] 웨잇 몸무게

 ↔

□ **fat** [fæt] 팻 뚱뚱한(chubby)　　□ **skinny** [skíni] 스키니 마른(thin)

□ **height** [hait] 하이트 키

 ↔

□ **tall** [tɔːl] 톨 키가 큰　　□ **short** [ʃɔːrt] 숏 키가 작은

75

□**cute** [kjuːt]
큐트 귀여운

□**pretty** [príti]
프리티 예쁜

□**hot** [hɑt]
핫 섹시한(sexy)

□**bald** [bɔːld]
볼드 대머리

□**curl** [kəːrl]
컬 곱슬머리

□**bob** [bɑb]
밥 단발머리

관련 단어

□**attractive** [ətrǽktiv] 어트랙티브 매력적인

□**perm** [pəːrm] 펌 파마머리

□**ponytail** [póunitèil] 포니테일 뒤로 한다발로 묶은 머리

□**blond** [bland] 블란드 금발 남성

□**blonde** [blánd] 블란드 금발 여성

□**dyed hair** 다이드 헤어 염색머리

□ **natural hair** 내추럴 헤어 생머리(straight hair)

□ **have thin hair** 햅씬 헤어 머리숱이 적다

□ **have thick hair** 햅씩 헤어 머리숱이 많다

□ **Caucasian** [kɔːkéiʒən] 코케이지언 백인종(white person)

□ **Negroid** [níːgrɔid] 니그로이드 흑인종(black person)

□ **Mongoloid** [máŋgəlɔ̀id] 망걸로이드 황인종(yellow person)

□ **Asian** [éiʒən] 에이지언 동양인

□ **poker face** [póukər feis] 포커페이스 무표정(absence of expression)

□ **sparkling eyes** [spáːrkliŋ aiz] 스파클링아이즈 초롱초롱한 눈

□ **blank look** [blæŋk luk] 블랭크룩 멍한 표정(vague stare)

□ **appearance** [əpíərəns] 어피어런스 외모, 양상(aspect)

□ **adorable** [ədɔ́ːrəbl] 어도어러블 사랑스러운(charming, amiable)

□ **ugly** [ʌ́gli] 어글리 못생긴, 흉한(unattractive)

□ **gain weight** 게인 웨잇 살찌다, 체중이 늘다(get fat)

□ **lose weight** 루즈 웨잇 살 빠지다(lose flesh)

□ **fat-bellied** [fætbélid] 햇벨리드 배가 나온(pot-bellied)

□ **good looking** 굿루킹 보기 좋은

□ **resemble** [rizémbl] 리젬블 ~를 닮다(look like)

A: How tall are you?

키가 어떻게 되세요?

B: I'm 165cm tall.

165센티예요.

A: Do you wish you were taller or shorter?

키가 더 크길 바라요 아니면 작기를 바라요?

B: I wish I were a little taller.

좀 더 크면 좋겠어요.

Good words

Next to my husband, and along with Marlon Brando, I think that Yves Montand is the most attractive man I've ever met.
-Marilyn Monroe-

남편과 말론 브란도 빼고 내가 만나 본 남자 중 이브 몽땅이 가장 매력적이었다.
—마릴린 먼로—

1 수

2 인간

3 가정

4 도시

5 교통

6 업무

7 쇼핑

8 스포츠/취미

9 자연

Unit

05 emotion 감정(명사)

☐ **courage**
[kə́:ridʒ]
커리지 용기(braveness)

☐ **sadness**
[sǽdnis]
새드니스 슬픔(sorrow)

☐ **wisdom**
[wízdəm]
위즈덤 **지혜**

☐ **pleasure**
[pléʒər] 플레저
즐거움(cheerfulness)

☐ **suffering**
[sʌ́fəriŋ] 서퍼링
고통(pain)

☐ **depression**
[dipréʃən] 디프레션
우울, 침체(recession)

☐ **temptation** [temptéiʃən]
템테이션 유혹(lure)

☐ **fear** [fiər] 피어
두려움(dread)

79

□ **freedom** [frí:dəm]
프리덤 자유

□ **love** [lʌv]
러브 사랑(affection)

□ **pride** [praid] 프라이드 자존심(self-respect)

□ **honesty** [ánisti] 아니스티 정직(integrity)

□ **hope** [houp] 호웁 희망(wish)

□ **feeling** [fí:liŋ] 필링 느낌, 감정(sentiment)

□ **comfort** [kʌ́mfərt] 컴포트 편안함(ease)
The common man thinks of comfort.
평범한 사람은 안락을 추구한다.

□ **displeasure** [displéʒər] 디스플레저 불쾌, 원한(resentment)

□ **worry** [wə́:ri] 워리 걱정(concern, agony)

□ **nervousness** [nə́:rvəsnis] 너버스니스 긴장, 신경질

□ **disappointment** [dìsəpɔ́intmənt] 디서포인트먼트 실망

□ **hatred** [héitrid] 헤이트리드 미움(anger)

□ **fury** [fjúəri] 퓨리 분노(rage)

□ **jealousy** [dʒéləsi] 젤러시 질투

□ **happiness** [hǽpinis] 해피니스 행복(↔ misery 비참)

80

1 수

2 인간

3 가정

4 도시

5 교통

6 연극

7 쇼핑

8 스포츠/취미

9 자연

☐ **irresistible** [ìrizístəbl] 이리지스터블 저항할 수 없는, 압도적인

He beautiful face was an irresistible temptation.

그녀의 아름다운 얼굴은 저항할 수 없는 유혹이었다.

☐ **tension** [ténʃən] 텐션 긴장, 흥분

☐ **regret** [rigrét] 리그렛 후회(repentance)

☐ **kindness** [káindnis] 카인드니스 친절(goodwill)

☐ **sympathy** [símpəθi] 심퍼씨 동정, 연민(↔ antipathy 반감)

☐ **compassionate** [kəmpǽʃənit] 컴패서닛

정이 많은, 자비로운(warmhearted)

☐ **appreciation** [əprì:ʃiéiʃən] 어프리에이션 감사(gratitude)

☐ **admiration** [æ̀dməréiʃən] 어드머레이션 감탄(marvel)

☐ **ideal** [aidí:əl] 아이디얼 이상

Good words

Do something for somebody everyday for which you do not get paid. -Albert Schweitzer-

보상이 따르지 않는 어떤 일을 누구가를 위해 매일하라. −알버트 슈바이처−

I get inspiration from my everyday life. -Hayao Miyazaki

나는 일상생활에서 영감을 얻는다. −미야자키 하야오−

□ **happy** [hǽpi] 해피

행복한(blessed)

□ **sad** [sæd] 새드

슬픈(unhappy, sorrowful)

□ **hot** [hɑt] 핫 더운

□ **cold** [kould] 코울드 추운

□ **hungry** [hʌ́ŋgri] 헝그리 배고픈

□ **full** [ful] 풀 배부른(stuffed)

82

1 수

2 인간

3 가정

4 도시

5 교통

6 업무

7 쇼핑

8 스포츠/취미

9 자연

□ **thirsty** [θə́ːrsti] 씨스티 목마른
Dig your well before you're thirsty.
갈증나기 전에 우물을 파라.

□ **upset** [ʌpsét] 업셋
화가 난(mad, angry)

□ **ashamed** [əʃéimd]
어쉐임드 부끄러운(shy)

□ **surprised** [sərpráizd]
서프라이즈드 깜짝 놀란(astonished)

관련 단어

□ **joy** [dʒɔi] 조이 기쁨(pleasure ↔ sorrow 슬픔)

□ **humorous** [hjúːmərəs] 휴머러스 재미있는

□ **tired** [taiərd] 타이어드 지친

□ **exhausted** [igzɔ́ːstid] 익조스티드 녹초가 된

□ **sleepy** [slíːpi] 슬리피 졸린, 피곤한

□ **disappointed** [dìsəpɔ́intid] 디서포인티드 실망스러운

□ **hope** [houp] 호웁 희망(↔ despair 절망)

□ **disgust** [disgʌ́st] 디스거스트 혐오(aversion), 싫증

□ **awful** [ɔ́:fəl] 오펄 끔찍한(terrible)
What an awful smell!
냄새 정말 지독하네!

□ **irritating** [írətèitiŋ] 이러테이팅 화나게 하는, 짜증나게 하는(provoking)

□ **dreadful** [drédfəl] 드레드펄 두려운, 무시무시한(frightful)

□ **confused** [kənfjú:zd] 컨퓨즈드 당황한, 헷갈리는

□ **lonely** [lóunli] 로운리 외로운(lonesome)

1 수

2 인간

3 가정

4 도시

5 교통

6 업무

7 쇼핑

8 스포츠/취미

9 자연

Unit

07 emotion 감정(동사)

☐ **regret** [rigrét] 리그렛 후회하다

☐ **hate** [heit] 헤이트 미워하다(dislike)

☐ **forgive** [fərgív] 포깁 용서하다(excuse)

☐ **suffer** [sʌ́fər] 서퍼 고통을 당하다

☐ **grieve** [griːv] 그리브 슬퍼하다(deplore)

☐ **comfort** [kʌ́mfərt] 컴풋 위로하다(console, relieve)

☐ **fear** [fiər] 퓌어 두려워하다(be afraid of)

☐ **offend** [əfénd] 오펜드 화나게 하다, 공격하다

☐ **criticize** [krítəsàiz] 크리티사이즈 비판하다

Any fool can criticize, condemn and complain - and most fools do.

어떤 바보라도 비판하고 매도하고 불평할 수 있다. 그리고 바보들은 다 그렇게 한다.

☐ **find fault with** 파인드 폴트윗 흉보다

☐ **despise** [dispáiz] 디스파이즈 경멸하다(scorn)

☐ **disappoint** [dìsəpɔ́int] 디서포인트 실망시키다

☐ **be disappointed at** 비 디서포인팃 앳 ~에 실망하다

☐ **lament** [ləmént] 러멘트 한탄하다

☐ **please** [pliːz] 플리즈 기쁘게 하다(cheer)

☐ **be pleased** 비 플리즈드 기뻐하다(be glad)

☐ **ascribe** [əskráib] 어스크라입 ~탓으로 돌리다(attribute)

☐ **satisfy** [sǽtisfài] 새티스파이 만족시키다(↔ dissatisfy 불만을 품게 하다)

85

□ **tempt** [tempt] 템트 유혹하다(allure)
This dish tempts me.
이 요리는 맛있겠다.

□ **be kind to** 비카인 투 ~에게 친절하다(nice, friendly)

□ **be ashamed of** 비어쉐임덥 부끄러워하다

□ **be sorry** 비싸리 죄송하다, 미안하다

□ **feel lonesome** 필 로운섬 쓸쓸하다(be lonely)

□ **feel heavy** 필 헤비 답답하다

□ **feel hopeless** 필 호웁리스 막막하다

□ **be at a loss** 비 앳어로스 기가 막히다

Unit

08 personality 성격(character)

□ **careful** [kéərfəl] 케어펄
주의 깊은(thoughtful)

□ **careless** [kéərlis] 케얼리스
부주의한(neglectful)

□ **talkative** [tɔ́ːkətiv] 토커티브
수다스러운(garrulous)

↔ **taciturn** [tǽsətə̀ːrn]
태시턴 과묵한(silent)

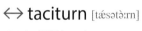

□ **shy** [ʃai] 샤이
수줍어하는(bashful)

↔ **cheerful** [tʃíərfəl]
치어플 명랑한, 쾌활한(sunny)

□ **patient** [péiʃənt] 페이션트
인내심이 있는(forbearing)

↔ **impatient** [impéiʃənt]
임페이션트 조급한, 인내심이 없는(hasty)

- 1 수
- 2 인간
- 3 가정
- 4 도시
- 5 교통
- 6 업무
- 7 쇼핑
- 8 스포츠취미
- 9 자연

87

□ **diligent** [dílədʒənt] 딜리전트
부지런한(hard working)

　↔ **lazy** [léizi] 레이지
게으른(idle)

□ **rude** [ruːd] 루드
무례한(impolite)

　↔ **polite** [pəláit] 펄라이트
예의바른(courteous)

관련 단어

□ **sociable** [sóuʃəbl] 소우셔블 사교적인(outgoing)

　↔ **unsociable** [ʌnsóuʃəbl] 언소우셔블 폐쇄적인, 배타적인(exclusive)

□ **optimistic** [àptəmístik] 압터미스틱 낙천적인(positive)

　↔ **pessimistic** [pèsəmístik] 페시미스틱 비관적인(negative)

□ **brave** [breiv] 브레이브 용감한, 대담한(daring)

　↔ **timid** [tímid] 티밋 용기 없는, 소심한(cowardly)

□ **wise** [waiz] 와이즈 지혜로운(sagacious)

　↔ **stupid** [stjúːpid] 스투핏 어리석은(silly, dull)

□ **honest** [ánist] 아니스트 정직한(truthful)

　↔ **dishonest** [disánist] 디사니스트 부정직한(untruthful)

□ **positive** [pázətiv] 포지팁 적극적인(aggressive), 긍정적인

　↔ **negative** [négətiv] 네거티브 부정적인

☐ **passionate** [pǽʃənit] 패셔닛 열정적인(ardent)

↔ **uninterested** [əníntrəstəd] 언인터레스팃

   의욕이 없는(reluctant, hesitant)

☐ **refined** [rifáind] 리파인드 세련된(sophisticated, polished)

↔ **old-fashioned** 올드패션드 촌스러운

☐ **strict** [strikt] 스트릭트 엄격한(severe, stern)

↔ **generous** [ʤénərəs] 제너러스 관대한(tolerant)

☐ **modest** [mádist] 마디스트 겸손한(humble)

↔ **haughty** [hɔ́ːti] 호티 도도한, 잘난 체하는(arrogant, conceited)

☐ **good-natured** 굿네이춰드 착한, 선량한

↔ **wicked** [wíkid] 위키드 사악한

☐ **benevolent** [bənévələnt] 버네벌런트 인정 있는, 자비로운

↔ **malevolent** [məlévələnt] 멀레벌런트 악의 있는

☐ **credible** [krédəbəl] 크레더블 신용할 수 있는

↔ **unreliable** [ənriláiəbəl] 언릴라이어블 믿을 수 없는

☐ **sincere** [sinsíər] 씬시어 성실한

↔ **disloyal** [dislɔ́iəl] 디스로이얼 불성실한

☐ **virtuous** [vɔ́ːrtʃuəs] 버추어스 정숙한(faithful)

↔ **unfaithful** [ənféiθfəl] 언페이스펄 부정한

☐ **pretentious** [priténʃəs] 프리텐셔스 허세부리는

↔ **frank** [fræŋk] 프랭크 솔직한(straightforward)

1 수

2 인간

3 가정

4 도시

5 교통

6 업무

7 쇼핑

8 스포츠/취미

9 자연

89

□ **sensible** [sénsəbl] 센서블 분별력 있는, 합리적인(wise)

↔ **senseless** [sénslis] 센슬리스 분별 없는

□ **delicate** [délikit] 델리킷 섬세하다

↔ **rough** [rʌf] 러프 거칠다(tough, wild)

□ **cultured** [kʌ́ltʃərd] 컬쳐드 교양 있는(cultivated, educated)

↔ **unrefined** [ənrifáind] 언리파인드 교양 없는

□ **restrained** [ristréind] 리스트레인드 차분한(calm), 억제된

↔ **whimsical** [hwímzikəl] 윔지컬 변덕스러운(moody)

□ **determined** [ditə́:rmind] 디터민드 단호한

↔ **indecisive** [ìndisáisiv] 인디사이씨브 우유부단한(irresolute)

□ **gentle** [dʒéntl] 젠틀 온화한

↔ **violent** [váiələnt] 봐이얼런트 난폭한, 폭력적인(aggressive)

□ **virtue** [və́:rtʃu:] 버츄 미덕

↔ **vice** [vais] 봐이스 악덕

□ **selfless** [sélflis] 셀프리스 이타적인(unselfish)

↔ **selfish** [sélfiʃ] 셀피쉬 이기적인

□ **realist** [rí:əlist] 리얼리스트 현실주의자

↔ **dreamer** [drí:mər] 드리머 몽상가

□ **college boy** 칼리지보이 답답한 모범생

↔ **troublemaker** [trʌ́blmèikər] 추러블메이커 문제아(delinquent)

☐ **warrior** [wɔ́:riər] 워리어 용사, 전사(fighter)

　↔ **coward** [káuərd] 카우어드 겁쟁이(wimp)

☐ **egoist** [í:gouist, égou-] 이고우이스트 이기주의자

　↔ **altruist** [æltruist] 앨추루이스트 이타주의자

Dialogue

A: The shop girl is cheerful and kind to me.

　점원 아가씨는 내게 명랑하고 친절하게 대해줘.

B: Yeah, but she is kind to everyone.

　그래, 근데 걔는 누구에게나 친절해.

Good words

Cute is when a person's personality shines through their looks. Like in the way they walk, every time you see them you just want to run up and hug them. -Natalie Portman-

귀여움이란 어떤 사람의 외모를 통해 성격이 빛이 나는 거예요. 그 사람이 걷는 모습을 보고 달려가서 껴안아주고 싶은 그런 거죠. -나탈리 포트만-

09 family 가족

☐ **grandparents**
[grǽndpèərənts] 그랜드페어런츠 조부모

☐ **grandmother**
[grǽndmʌ̀ðər] 그랜드마더 할머니

☐ **grandfather** [grǽndfà:ðər]
그랜드파더 할아버지

☐ **parents** [péərənts]
페어런츠 부모

☐ **mother** [mʌ́ðər]
마더 어머니

☐ **father** [fá:ðər]
파더 아버지

☐ **uncle** [ʌ́ŋkəl] 엉클 삼촌, 백부, 아저씨

☐ **aunt** [ænt] 앤트 이모(고모)

☐ **cousin** [kʌ́zn] 커즌 사촌

She's a cousin of the teacher.
그녀는 선생의 사촌이다.

☐ **brother** [brʌ́ðər]
브라더 형제

☐ **sister** [sístər]
시스터 자매

□ **son** [sʌn] 썬 아들
□ **daughter** [dɔ́:tər] 도터 딸

□ **nephew** [néfju:] 네퓨 조카

□ **ancestor** [ǽnsestər] 앤세스터 조상(forefather)
□ **descendant** [diséndənt] 디센던트 후손, 자식(offspring)
□ **relative** [rélətiv] 렐러티브 친척
□ **neighborhood** [néibərhùd] 네이버훗 이웃
□ **son-in-law** [sʌ́ninlɔ̀:] 썬인로 사위
□ **daughter-in-law** [dɔ́:tərinlɔ̀:] 도터인로 며느리
□ **father-in-law** [fɑ́:ðərinlɔ̀:] 파더인로 시아버지, 장인
□ **mother-in-law** [mʌ́ðərinlɔ̀:] 마더인로 시어머니, 장모
□ **sister-in-law** [sístərinlɔ̀:] 시스터인로 시누이, 올케, 처제
□ **brother-in-law** [brʌ́ðərinlɔ̀:] 브라더인로 시동생, 처남
□ **half brother** 해프브라더 이복(이부) 형제
□ **heir** [ɛər] 에어 상속인(여성 heiress)

1 수
2 인간
3 가정
4 도시
5 교통
6 업무
7 쇼핑
8 스포츠/취미
9 지역

10 life 인생

□ **birth** [bə:rθ] 버쓰 출생
□ **birthday** [bə́:rθdèi] 버스데이 생일
□ **baby** [béibi] 베이비 아기

□ **kid** [kid] 킷 꼬마
□ **childhood** [tʃáildhùd] 촤일드후드 어린시절

□ **boy** [bɔi] 보이 소년
□ **girl** [gə:rl] 걸 소녀
□ **puberty** [pjú:bərti] 퓨버티 사춘기

□ **youth** [ju:θ] 유쓰
젊은이, 청년(adolescent)

He is a promising youth.
그는 장래가 유망한 청년이다.

□ **adult** [ədʌ́lt] 어덜트 성인
□ **middle age** 미들에이쥐 중년

□ **senior citizen** 씨니어 시티즌
노인(old man, old woman)

94

1 수

2 인간

3 가정

4 도시

5 교통

6 업무

7 쇼핑

8 스포츠/취미

9 자연

□ **funeral** [fjúːnərəl] 퓨너럴
장례식

□ **will** [wil] 윌 유언

□ **grave** [greiv] 그레이브 무덤(tomb)
□ **death** [deθ] 데스 죽음
□ **cremation** [kriméiʃən]
크리메이션 화장

□ **pass away** [pæs əwéi] 패스어웨이 사망하다(die)

Did your mother pass away?
어머님이 돌아가셨나요?

관련 단어

□ **have a baby** 해버 베이비 아기를 낳다

□ **grow** [grou] 그로우 성장하다

□ **breed** [briːd] 브릿 양육하다, 기르다(foster)

□ **artless** [áːrtlis] 아틀리스 소박한, 순진한(naive)

□ **lad** [læd] 랟 젊은이, 소년(lass 소녀, 미혼녀)

□ **grown** [groun] 그로운 성숙한(mature)

□ **immature** [ìmətʃúər] 이머추어 미숙한, 미완성의(too early)

□ **destiny** [déstəni] 데스티니 운명(fate, lot)

☐ **misfortune** [misfɔ́rtʃən] 미스포춘 불행, 불운

☐ **hardship** [háːrdʃip] 하드쉽 시련, 역경(ordeal, adversity)

☐ **struggle** [strʌɡl] 스트러글 투쟁, 싸움(fight)

☐ **overcome** [ouvərkʌ́m] 오버컴 극복하다(get over)

☐ **bliss** [blis] 블리스 행복, 희열(happiness)

Jokes

Two women were in a pub. One says to her mate.

두 여자가 술집에서 대화를 나눈다.

A: My MIL is an angel.

우리 시어머니는 천사야.

B: You're lucky. Mine is still alive.

넌 참 좋겠다. 우리 시어머니는 아직도 살아 계셔.

*mother-in-law를 짧게 MIL로 했음. A는 천사 같은 사람이라고 말한건데 B는 그걸 비꼬아 죽은 사람이라고 농담한 것.

Good words

Life is a series of natural and spontaneous changes. Don't resist them - that only creates sorrow. Let reality be reality. Let things flow naturally forward in whatever way they like.
-Lao Tzu-

인생은 자연스럽고 자동적인 변화의 연속이다. 거기에 저항하지 마라. 슬픔만 생길 것이다. 현실은 현실이다. 일이 어떤 식이든 자연히 진행되도록 그냥 두어라. -노자-

11 love and marriage 사랑과 결혼

1 수

2 인간

3 가정

4 도시

5 교통

6 업무

7 쇼핑

8 스포츠/취미

9 자연

□ **fall in love at first sight**

폴인 러브 앳퍼스트 사이트

첫눈에 반하다

□ **one sided love**

[wʌn sáidid ~] 원사이디드 러브

짝사랑

□ **declare one's love**

[diklέər ~] 디클레어 윈스러브

사랑을 고백하다

□ **go out with**

고우아웃 위드

~와 사귀다(date)

□ **love triangle**

[lʌv tráiæ̀ŋgəl] 러브 추라이앵글

삼각관계

I've been in a few love triangles.

나는 몇 번 삼각관계에 빠진 적이 있다.

□ sweetheart [swíːthàːrt]

스윗하트 애인(partner)

□ marry [mǽri] 매리 결혼하다

□ marriage [mǽridʒ]

매리지 결혼

□ honeymoon

[hʌ́nimùːn] 허니문 신혼여행

□ be pregnant [~ prégnənt]

비프렉넌트 임신하다

□ argument [áːrgjəmənt]

아규먼트 말다툼

1 수

2 인간

3 가정

4 도시

5 교통

6 업무

7 쇼핑

8 스포츠/취미

9 저녁

관련 단어

☐ **the same sex** 더세임 섹스 동성

☐ **the other sex** 디아더 섹스 이성

☐ **charm** [tʃɑːrm] 참 매력

☐ **puppy love** [pʌ́pi lʌv] 퍼피러브 첫사랑

☐ **Mr. Right** [místər rait] 미스터 라잇 이상형의 남자

☐ **just friend** [dʒʌst frend] 저스트 프렌드 그냥 친구

☐ **ex-boyfriend** [eks bɔ́ifrènd] 엑스보이프렌드 과거 남친

☐ **enchant** [intʃǽnt] 인챈트 매혹시키다, 끌어당기다(attract)

☐ **inseparable** [insépərəbl] 인세퍼러블 분리할 수 없는, 떨어질 수 없는

☐ **indispensable** [indispénsəbl] 인디스펜서블 불가결의, 없어서는 안되는

　(↔ unnecessary 불필요한)

　The poor are indispensable to the rich.
　빈자는 부자에게 꼭 필요한 존재다.

☐ **manly** [mǽnli] 맨리 남자다운(masculine)

☐ **womanly** [wúmənli] 우먼리 여성스러운(feminine)

☐ **propose** [prəpóuz] 프러포우즈 청혼

☐ **engagement** [engéidʒmənt] 인게이지먼트 약혼

☐ **swear** [swɛər] 스웨어 맹세하다(vow), 욕하다

☐ **ring** [riŋ] 링 반지

☐ **bride** [braid] 브라이드 신부

☐ **groom** [gruː)m] 그룸 신랑

☐ **divorce** [divɔ́:rs] 디보스 이혼

☐ **abhor** [æbhɔ́:r] 앱호어 미워하다, 혐오하다(hate, detest)

☐ **widow** [wídou] 위도우 미망인

☐ **widower** [wídouəːr] 위도우어 홀아비

☐ **bachelor** [bǽtʃələr] 배췰러 미혼남, 홀아비

☐ **spinster** [spínstər] 스핀스터 미혼녀, 노처녀

☐ **invitation card** [ìnvətéiʃən ~] 인비테이션 카드 청첩장

☐ **newly-married couple** [njú:li mǽrid ~]
눌리매리드 커플 신혼부부

☐ **spouse** [spauz] 스파우즈 배우자

☐ **child care** [tʃaild kɛər] 차일드케어 육아

☐ **ask for a date** 애슥 풔러 데잇 데이트 신청을 하다

☐ **come to know** 컴투노우 알게 되다

☐ **reject** [ridʒékt] 리젝트 거절하다(decline), 차버리다(dump)

☐ **be engaged to** [~ engéidʒd ~] 비 인게이지드 투 약혼하다

☐ **make peace** [meik pi:s] 메익피스 화해하다

☐ **play double** [plei dʌ́bəl] 플레이더블 양다리 걸치다

☐ **break up with** 브레이컵 윗 ~와 헤어지다

☐ **spend time together** 스펜타임 투게더 함께 지내다

1 수

2 인간

3 가정

4 도시

5 교통

6 업무

7 쇼핑

8 스포츠/취미

9 자연

Good words

Like an old photograph, time can make a feeling fade, but the memory of a first love never fades away. –Tim McGraw-

옛날 사진처럼 시간은 어떤 감정을 바래게 한다. 하지만 첫사랑의 추억은 절대로 바래지 않는다. -팀 맥그로-

Marriage is like putting your hand into a bag of snakes in the hope of pulling out an eel. -Leonardo da Vinci-

결혼이란 뱀장어를 꺼내겠다는 기대를 품고 뱀이 가득한 자루에 손을 넣는 것과 같다. -다빈치-

Self Test 연 습 문 제

1 다음 인체 부위의 이름을 영어로 적어보세요.

a) 머리카락 _____

눈썹 _____ 뺨 _____

코 _____ 혀 _____

b) 머리 _____ 어깨 _____

팔꿈치 _____

무릎 _____ 발 _____

2 다음 단어의 뜻을 적어 보세요.

a) lung _____ throat _____

bladder _____ flesh _____

b) urine _____ hiccup _____

vomit _____ spasm _____

c) take a bath _____ go to work _____

lose weight _____

d) nervousness _____ jealousy _____

exhausted _____ disappointed _____

e) forgive _____ satisfy _____

offend _____ fear _____

3 다음 단어를 우리말 혹은 영어 단어로 적어보세요.

a) talkative _____ optimistic _____

good-natured _____ selfless _____

b) 조상 _____   조카 _____

시누이 _____   상속인 _____

c) puberty _____   immature _____

funeral _____   bliss _____

d) puppy love _____   ex-boyfriend _____

womanly _____   spouse _____

---

4 다음 우리말을 영어단어와 맞게 연결하세요.

a) 낙관적인 **b)** 겸손한 **c)** 인정있는 **d)** 단호한 **e)** 이기적인

f) 허세부리는

1) benevolent **2)** optimistic **3)** pretentious **4)** selfish **5)** modest

6) determined

Theme 3

home 가정

01 house 집

☐ **detached house**

[ditǽtʃt haus] 디테취트 하우스

단독주택

☐ **house owner**

[haus óunər] 하우스오우너

집주인(남성 landlord, 여성 landlady)

☐ **lease** [liːs] 리스 임대(하다)

I took a house on a lease of 3 years.
나는 3년 계약으로 집을 얻었다.

☐ **apartment**

[əpáːrtmənt] 어팟먼트 아파트 한 가구

☐ **an apartment building**

[ən əpáːrtmənt bíldiŋ] 어팟먼트 빌딩

아파트의 한 동

☐ **an apartment complex**

[ən əpáːrtmənt kəmpléks] 어팟먼트 콤플렉스

아파트 단지

☐ **tenant** [ténənt] 테넌트 세입자

☐ **rent** [rent] 렌트 집세

106

관련 단어

□ **residence** [rézidəns] 레지던스 주거지

□ **resident** [rézədənt] 레지던트 거주자, 주민(dweller)

□ **address** [ədrés] 어드레스 주소(habitation)

□ **real estate** [rí:əl istéit] 리얼에스테이트 부동산

□ **move** [mu:v] 무브 이사

□ **move in** 무브인 이사 오다(↔ move out 이사 가다)

□ **remodel** [ri:mádl] 리모델 개축

□ **deposit** [dipázit] 디파짓 보증금
  Do you require a security deposit?
  임대 보증금을 원하십니까?

□ **mansion** [mǽnʃən] 맨션 저택

□ **studio** [stjú:diòu] 스튜디오 원룸

□ **row houses** [rou háuziz] 로우하우지즈 연립주택

□ **internal** [intə́:rnl] 인터늘 내부의(↔ external 외부의)

□ **furnished apartment** 퍼니쉬드 어팟먼트 가구가 딸린 아파트

□ **unfurnished apartment** 언퍼니쉬드 어팟먼트
  가구가 비치되지 않은 아파트

□ **apartment for rent** 어팟먼트 포렌트 임대용 아파트

□ **apartment maintenance fees** 어팟먼트 메인터넌스 피즈
  아파트 관리비

□ **electricity charge** 일렉트리서티 차쥐 전기요금(electric bill)

□ **water rate** 워러레잇 수도요금(water bill)

□ **gas rates** 개스레잇 가스요금(gas bill)

□ **phone bill** 폰빌 전화요금

□ **due date for payment** 듀데잇풔 페이먼트 납부기한

Jokes

A couple are sitting in their living room, sipping wine. Out of the blue, the wife says, "I love you." "Is that you or the wine talking?" asks the husband. "It's me," says the wife. "Talking to the wine."

부부가 거실에 앉아 와인을 마신다. 뜬금없이 아내 말하길, "사랑해요." 그러자 남편이 "지금 말한 거 당신이야, 아니면 와인이야?" 아내 왈 "나예요. 와인에게 말한 거예요."

Good words

A good laugh is sunshine in the house.
-William M. Thackeray-

멋진 웃음은 집안의 햇살과 같다.
－윌리엄 태커리－

A house divided against itself cannot stand.
-Abraham Lincoln-

적대적으로 분열된 집은 서 있을 수 없다.
－에이브러햄 링컨－

A house must be built on solid foundations if it is to last.
-Sai Baba-

집이 유지되려면 단단한 토대 위에 지어져야 한다.
－사이 바바－

1 수

2 인간

3 가정

4 도시

5 교통

6 업무

7 쇼핑

8 스포츠/취미

9 자연

Unit

02 outer house 주택 외부

❶ roof [ruːf] 루프 지붕

❷ wall [wɔːl] 월 벽

❸ window [wíndou] 윈도우 창문

❹ door [dɔːr] 도어 문

❺ mailbox [méilbàks] 메일박스 우편함

❻ yard [jɑːrd] 야드 앞마당

❼ garage [gərɑ́ːʒ] 거라지 차고(창고)
She ran the car into the garage.
그녀는 차를 차고에 넣었다.

❽ doorbell [dɔ́ːrbèl] 도어벨 초인종

❾ basement [béismənt] 베이스먼트 지하실

❿ front door [frʌnt dɔːr] 프런트도어 앞문

⓫ lawn [lɔːn] 론 잔디(grass)

109

□ **gate** [geit] 게이트 입구

□ **pull** [pul] 풀 당기다(↔ push 밀다)

□ **auto lock** 오토락 자동 잠김

□ **peephole** [píːphoul] 핍호울 밖(방문자)을 확인하는 구멍

□ **staircase** [stéərkèis] 스테어케이스 계단실

□ **corridor** [kɔ́ːridər] 코리더 복도(hallway)

□ **handrail** [hǽndreil] 핸드레일 (계단실의) 난간

□ **attic** [ǽtik] 애틱 다락

□ **upstairs** [ʌ́pstéərz] 업스테어즈 위층(↔ downstairs 아래층)

□ **unused** [ʌ̀njúːzd] 언유즈드 사용하지 않는, 미사용의
I have an unused room.
나에겐 안 쓰는 방이 하나 있다.

□ **name plate** [~ pleit] 네임플레이트 문패

□ **porch** [pɔːrtʃ] 포치 현관(바닥 공간)

□ **footwear shelf** [fútwer ~] 풋웨어쉘프 신발장

□ **fence** [fens] 펜스 울타리, 담장

□ **backyard** [bækjárd] 백야드 뒷마당

□ **warehouse** [wéəːrhàus] 웨어하우스 창고

□ **outdoor unit of air conditioner** 아웃도어 유닛 업 에어컨디셔너
에어컨 실외기

□ **drainpipe** [dréinpaip] 드레인파입 배수관

□ **chimney** [tʃímni] 췸니 굴뚝

110

Unit

03 living room 거실

1 수

2 인간

3 가정

4 도시

5 교통

6 업무

7 쇼핑

8 스포츠/취미

9 자연

❶ **curtain** [kə́:rtən] 커튼 커튼

❷ **coffee table** [~ téibl] 커피테이블 (소파 옆) 낮은 탁자

❸ **couch** [kautʃ] 카우치 소파(sofa)   ❹ **picture** [píktʃər] 픽춰 사진

❺ **clock** [klɑk] 클락 벽시계

❻ **floor** [flɔ:r] 플로어 마루, 층

At what floor are you getting off?
몇 층에서 내리세요?

❼ **trash can** 추레쉬캔 쓰레기통(wastebasket)

❽ **carpet** [ká:rpit] 카핏 카펫

111

❾ **vacuum cleaner** [vǽkjuəm ~] 베큠클리너 진공청소기

❿ **fan** [fæn] 팬 선풍기   ⓫ **tv** [tíːvíː] 티비 텔레비전

⓬ **remote control** [rimóut kəntróul] 리모트 컨트롤 리모컨

☐ **dehumidifier** [dìːhjuːmídəfàiər] 디휴미더화이어 제습기

☐ **armchair** [áːrmtʃɛ̀ər] 암체어 안락의자

☐ **bookcase** [búkkèis] 북케이스 책장

☐ **painting** [péintiŋ] 페인팅 그림
That is a watercolor painting.
이건 수채화 작품입니다.

☐ **ceiling** [síːliŋ] 씰링 천장

☐ **chandelier** [ʃæ̀ndəlíər] 샌델리어 샹들리에

☐ **pillar** [pílər] 필러 기둥

☐ **rug** [rʌg] 럭 깔개

☐ **fireplace** [fáiərpleis] 파이어플레이스 벽난로

☐ **vase** [veis] 붸이스 꽃병

☐ **ornament** [ɔ́ːrnəmənt] 오너먼트 장식물(decoration)

☐ **adorn** [ədɔ́ːrn] 어돈 꾸미다, 장식하다(decorate)

☐ **comfortable** [kʌ́mfərtəbl] 컴풔터블 편안한(↔ uncomfortable 불편한)

☐ **indoor** [índər] 인도어 실내의(↔ outdoor 실외의)

112

1 수

2 인간

3 가정

4 도시

5 교통

6 업무

7 쇼핑

8 스포츠/취미

9 자연

Unit

04 kitchen 주방

☐ **microwave**
[máikrouwèiv] 마이크로웨입

전자레인지

☐ **rice cooker**
[rais kúkər] 라이스쿠커

전기밥솥

☐ **toaster**
[tóustər] 토우스터

토스터

☐ **refrigerator**
[rifrídʒərèitər] 리프리저레이터

냉장고

☐ **sink** [siŋk]

싱크 싱크대

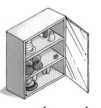

☐ **cupboard**
[kʌ́bərd] 커버드

찬장

☐ **frying pan**
[fràiiŋ pǽn] 프라잉팬

프라이팬

☐ **kettle** [kétl] 케틀 주전자
The kettle is boiling.
주전자가 끓고 있어.

☐ **pot** [pɑt] 팟

냄비

113

☐ **bowl** [boul]
보울 그릇

☐ **dish** [diʃ] 디쉬
접시(platter)

☐ **cup** [kʌp] 컵
컵

☐ **cutting board**
[kʌ́tiŋ bɔ:rd] 커팅보드 도마

☐ **ladle** [léidl] 레이들
국자(scoop)

관련 단어

☐ **turner** [tə́:rnər] 터너 뒤집개

☐ **lid** [lid] 리드 뚜껑

☐ **porcelain** [pɔ́:rsəlin] 포슬린 도자기(china, ceramics)

☐ **pan** [pæn] 팬 작은 냄비

☐ **nonstick pan** [nànstík ~] 넌스틱팬 (음식물이) 달라붙지 않는 냄비

☐ **sieve** [siv] 시브 체, 조리

☐ **jar** [dʒɑːr] 자 항아리(pot)
This lid belongs with that jar.
이것은 저 항아리의 뚜껑이다.

☐ **oven** [ʌ́vən] 어븐 오븐

☐ **oven mitten** [ʌ́vən mítn] 오븐미튼 오븐용 장갑

114

1 수

2 인간

3 가정

4 도시

5 교통

6 업무

7 쇼핑

8 스포츠/취미

9 자연

☐ **dishcloth** [díʃklɔ̀(ː)θ] 디쉬클로스 행주

☐ **knife** [naif] 나이프 칼

☐ **spoon** [spuːn] 스푼 숟가락

☐ **fork** [fɔːrk] 포크 포크

☐ **chopsticks** [tʃápstìks] 찹스틱스 젓가락

☐ **draining board** 드레이닝 보드 식기 건조대

☐ **dishwashing liquid** 디쉬워싱 리퀏 주방세제

☐ **dish sponge** 디쉬스펀지 설거지 스폰지

☐ **kitchen table** 키친 테이블 식탁(dining table)

☐ **tablecloth** [téiblklɔ̀ːθ] 테이블클로스 식탁보

☐ **dining table chair** 다이닝 테이블 체어 식탁의자

☐ **bottle opener** 바틀오프너 병따개

☐ **rubber gloves** 러버 글럽즈 고무장갑

☐ **grater** [gréitər] 그레이터 강판, 채칼

☐ **shelf** [ʃelf] 쉘프 선반

Good words

I've been my mom's kitchen helper since I was a little kid.
-Taylor Swift-

나는 꼬마 때부터 엄마의 주방도우미였다.
-테일러 스위프트-

Unit

05 cooking 요리

☐ **boiled egg** 보일드엑 삶은 계란

☐ **fried egg** 프라이드엑 계란프라이

☐ **scrambled egg** [skrǽmbld ~] 스크램블드 엑

스크램블 에그(계란을 풀고 우유 등을 넣어 볶은 것)

☐ **pickles** [píklz] 피클즈 야채절임

☐ **soup** [su:p] 숩 국, 수프

☐ **kimchi stew** 킴치스튜 김치찌개

☐ **microwave** [máikrəwèiv] 마이크로웨입 전자레인지로 돌리다

You can microwave that. 그거 전자레인지로 돌려도 돼.

☐ **boil** [bɔil] 보일 끓이다, 삶다

☐ **steam** [sti:m] 스팀 찌다

☐ **roast** [roust] 로스트 굽다, 익히다

☐ **fry** [frai] 프라이 튀기다

☐ **stir** [stə:r] 스터 휘젓다

☐ **stir-fry** 스터프라이 기름으로 볶다

☐ **beat** [bi:t] 비트 세게 뒤섞다, 거품내다

☐ **bake** [beik] 베이크 (노릇노릇하게) 굽다

Writing's just as natural to me as getting up and cooking breakfast. -Dolly Parton-

내게 글쓰기는 마치 아침에 일어나 식사를 준비하는 것처럼 자연스러운 일이다. —돌리 파튼—

1 수

2 인간

3 가정

4 도시

5 교통

6 업무

7 쇼핑

8 스포츠/취미

9 자연

Unit

06 bathroom 욕실

❶ **towel** [táuəl] 타월 수건

❷ **towel rack** 타월랙 수건걸이

❸ **mirror** [mírər] 미러 거울

❹ **soap** [soup] 소프 비누

❺ **hair dryer** [héər dràiər] 헤어드라이어 헤어드라이어

❻ **toothbrush** [tú:θbrʌʃ] 투스브러시 칫솔

❼ **toothpaste** [tú:θpèist] 투스페이스트 치약

❽ **shampoo** [ʃæmpú:] 샴푸 샴푸

❾ **hair conditioner** 헤어 컨디셔너 린스

❿ **bathtub** [bǽθtʌb] 배쓰텁 욕조

The bathtub is brimming with hot water.
욕조엔 따뜻한 물이 가득차 있다.

⓫ **basin** [béisən] 베이신 세면대

117

⓬ shower head [ʃáuər ~] 샤워헤드 샤워기

⓭ toilet seat [~ sìːt] 토일릿시트 좌변기

⓮ toilet paper [~ pèipər] 토일릿 페이퍼 화장지

The toilet is out of paper.
화장실에 두루마리 휴지가 다 떨어졌다.

⓯ washing machine [wáʃiŋ məʃìːn] 와싱머신 세탁기

관련 단어

☐ **plug** [plʌg] 플럭 (배수)마개

☐ **drain** [drein] 드레인 배수구

☐ **hot tap** [~ tæp] 핫탭 수도 온수꼭지

☐ **cold tap** [kould tæp] 코울드탭 냉수꼭지

☐ **toilet** [tɔ́ilit] 토일릿 변기

☐ **electric shaver** 일렉트릭 셰이버 전기면도기

☐ **razor blade** 레이저 블레이드 면도날

☐ **shaving foam** 셰이빙폼 면도거품

☐ **dental floss** 덴털 플로스 치실

☐ **clothespin** [klóuðz pìn] 클로우즈핀 빨래집게

☐ **detergent** [ditɔ́ːrdʒənt] 디터전트 세제

☐ **softener** [sɔ́ːfənər] 소퍼너 섬유유연제

118

1 수

2 인간

3 가정

4 도시

5 교통

6 업무

7 쇼핑

8 스포츠/취미

9 자연

□ **clothesline** [klóuðzlàin] 클로우즈라인 빨래줄

□ **do the laundry** 두더 론드리 빨래하다

□ **wash by hand** 와쉬 바이핸드 손빨래하다

□ **rinse** [rins] 린스 헹구다

Rinse your mouth after you eat.
식사 후에 입안을 헹구세요.

□ **dryer** [dráiər] 드라이어 건조기

□ **naked** [néikid] 네이킷 벌거벗은(bare)

Jokes

Q: What nationality are you on the way to the bathroom?
욕실에 들어가는 당신의 국적은 무엇인가요?

A: Russian.
러시아인.

*rush(돌진하다, 쇄도하다)와 Russian을 이용한 조크.

Q: What nationality are you while you when you leave the bathroom?
목욕 마치고 욕실을 나올 때 당신의 국적은 무엇인가요?

B: Finnish.
핀란드 사람.

*Finnish(핀란드인)와 finish(끝내다)가 비슷한 것을 이용한 조크.

07 bedroom 침실

❶ bed [bed] 베드 침대   **❷ pillow** [pílou] 필로우 베개

❸ sheet [ʃiːt] 쉬트 침대보   **❹ desk** [desk] 데스크 책상

❺ blanket [blǽŋkit] 블랭킷 담요(이불)

She drew the blanket over her head.
그녀는 머리 위로 담요를 끌어 덮었다.

❻ desk lamp [~ læmp] 데스크램프 탁상 스탠드

❼ chair [tʃɛər] 체어 의자   **❽ drawer** [drɔ́ːər] 드로어 서랍

☐ **pillowcase** [píloukeis] 필로우케이스 베갯잇

☐ **mattress** [mǽtrəs] 매트러스 매트리스

☐ **electric blanket** 일렉트릭 블랭킷 전기담요

1 수

2 인간

3 가정

4 도시

5 교통

6 업무

7 쇼핑

8 스포츠/취미

9 직업

관련 단어

☐ **alarm clock** [əláːrm klὰk] 얼람 클락 알람시계

☐ **humidifier** [hjuːmídəfàiər] 휴미디파이어 가습기

☐ **closet** [klázit] 클라짓 옷장

☐ **clothes rack** 클로우즈랙 옷 거는 곳(옷을 거는 봉)

☐ **clothes hanger** 클로우즈 행어 (개별) 옷걸이

☐ **clothing** [klóuðiŋ] 클로우씽 옷, 의류(costume, garment)
I use my clothing choices as a way to express how I feel.
나는 의복 선택으로 기분을 표현한다.

☐ **mirror** [mírər] 미러 거울

☐ **single bed** [síŋgl bed] 싱글베드 1인용 침대

☐ **double bed** [dʌ́bl bed] 더블베드 2인용 침대

☐ **bunk bed** [bʌ́ŋk bèd] 벙크베드 2층 침대

☐ **hairbrush** [hɛ́ərbrʌʃ] 헤어브러시 헤어브러시

☐ **dressing table** [drésiŋ tèibl] 드레싱 테이블 화장대, 경대

☐ **facial tissue** 페이셜 티슈 미용티슈

☐ **pajamas** [pədʒáːməz] 퍼자머즈 잠옷

☐ **had a sound sleep** 해더 사운드 슬립 푹 잤다

☐ **rub one's eyes** 럽원스 아이즈 눈을 비비다

☐ **oversleep** [òuvərslíːp] 오우버슬립 늦잠자다

A: Your room is so dirty!

방이 엄청 더럽잖아!

B: I know, but I don't have any time to clean.

알아. 근데 내가 청소할 시간이 없네.

A: Well, I'll help you clean up your house.

그럼. 내가 네집 청소를 도와줄게.

B: Really? Very thanks! 진짜? 정말 고마워!

*clean up: 치우다, 청소하다

I lived with my mom in a really small apartment. My bedroom was like in the living room. That's why I still love to sleep on couches now.

–Alicia Keys–

어릴 때 엄마와 아주 작은 아파트에서 살았다. 내 침실은 거실과 같았다. 그래서 나는 지금도 소파에서 잠자기를 좋아한다.

–앨리샤 키스–

It feels really sad, to me, to go to a dark bedroom. It's like surrendering to the night or something.

–James Franco–

캄캄한 침실에 들어가는 것은 진짜 슬픈 기분이 든다. 그건 마치 밤이나 어떤 것에 굴복하는 느낌이다.

–제임스 프랑코–

Unit

08 baby's room 아기방

☐ **walker** [wɔ́ːkər]
워커 보행기

☐ **potty** [páti] 파티
유아용 변기

☐ **crib** [krib] 크립 아기 침대(baby bed)

☐ **crib bumper** [krib bʌ́mpər]
크립범퍼 침대 완충대

☐ **toy** [tɔ́i] 토이 장난감

baby carrier
[béibi kæ̀riər]
베이비 캐리어

베이비 캐리어

☐ **baby clothing** 베이비 클로우씽 아기옷

☐ **baby wardrobe** [~ wɔ́:rdroub] 베이비 워드롭 아기 옷장

☐ **changing table** [tʃéindʒiŋ téibl] 체인징 테이블 기저귀 교환대

☐ **stretch suit** [stretʃ su:t] 스트레치 수트 멜빵바지

☐ **toy chest** [tɔ́i tʃest] 토이체스트 장난감 상자

☐ **baby seat** [béibi si:t] 베이비시트 유아의자

☐ **stuffed animal** [stʌ́ft ǽnəməl] 스텁드 애니멀 동물인형(헝겊)

☐ **baby car seat** 베이비 카 시트 유아용 카시트

☐ **feeding bottle** 피딩바틀 젖병

☐ **disposable diaper** [dispóuzəbl ~] 디스포저블 다이어퍼 1회용 기저귀

☐ **bib** [bib] 빕 턱받이

Good words

The soul is healed by being with children. -Dostoevski-
어린이와 함께 있으면 영혼이 치유 받는다. −도스토예프스키−

Unit

09 tools 공구

□ **screw driver**
[skru: dráivər] 스크루드라이버
드라이버

□ **phillips screw driver**
[fílips skru: dráivər]
필립 스크루드라이버 십자드라이버

□ **hatchet** [hǽtʃit] 해칫 도끼
Nobody ever forgets where he buried the hatchet.
도끼(원한)를 묻은 곳을 잊는 사람은 없다.

□ **hammer**
[hǽmər]
해머 망치

□ **shovel**
[ʃávəl]
셔블 삽

□ **ladder**
[lǽdəːr]
래더 사다리

□ **nail** [neil]
네일 못

□ **scissors**
[sízəːrz] 씨저스
가위

□ **pliers** [pláiərs]
플라이어스
펜치

 □ **saw** [sɔ:] 쏘 톱

 □ **chainsaw**
[tʃéinsɔ:] 체인쏘
전기톱

1 수 | 2 인간 | 3 기정 | 4 도시 | 5 교통 | 6 업무 | 7 쇼핑 | 8 스포츠/취미 | 9 자연

□ **broom** [bru(:)m]
브룸 빗자루

□ **dustpan** [dʌ́stpæ̀n]
더스트팬 쓰레받기

□ **electric drill** 일렉트릭 드릴 전기 드릴(power drill)

□ **pickaxe** [píkæ̀ks] 픽엑스 곡괭이

□ **screw** [skruː] 스크루 나사못

□ **file** [fail] 파일 줄

□ **wire** [waiə:r] 와이어 철사

□ **bucket** [bʌ́kit] 버킷 양동이

Get me a bucket of water.
물 한 양동이 갖다 줘.

□ **plastic bag** [plǽstik bæg] 플라스틱백 비닐봉지

□ **glue** [gluː] 글루 본드, 접착제(adhesive)

□ **polystyrene foam** [pɑ̀listáiəriːn foum] 팔리스타이어린 포움 스티로폼

□ **outlet** [áutlet] 아웃릿 전기콘센트(socket)

□ **hanger** [hǽŋər] 행어 옷걸이

□ **tape measure** [teip méʒəːr] 테입메저 줄자

□ **flashlight** [flǽʃlait] 플레쉬라잇 손전등

□ **thread** [θred] 스레드 실

126

1 수

2 인간

3 가정

4 도시

5 교통

6 업무

7 쇼핑

8 스포츠/취미

9 자연

□ **needle** [níːdl] 니들 바늘

□ **fluorescent light** [fluərésnt ~] 플로레슨트 라잇 형광등

□ **light bulb** 라잇벌브 전구
This light bulb went out.
이 전구는 나갔다.

□ **dustcloth** [dʌ́stklɔ̀(ː)θ] 더스트클로스 걸레

□ **garbage** [gáːrbidʒ] 가비지 쓰레기

□ **nail clipper** 네일클리퍼 손톱깎이

□ **attach** [ətǽtʃ] 어태취 붙이다, 부착하다(↔ detach 떼어내다)

Good words

You've gotta dance like there's nobody watching,
Love like you'll never be hurt,
Sing like there's nobody listening,
And live like it's heaven on earth."
-William W. Purkey-

아무도 지켜보지 않는 것처럼 춤을 춰라.
결코 상처받지 않을 것처럼 사랑하라.
아무도 듣고 있지 않는 것처럼 노래하라.
그리고 여기가 지상천국인 것처럼 살아라.
-윌리엄 퍼키-

1 다음 빈칸에는 영단어를 쓰고 영단어는 해석을 하세요.

a) 나는 아파트에 삽니다. I live in an _____.

b) 단독주택 _____ house

c) rent _____   house owner _____   tenant _____

2 다음 단어를 영어 혹은 우리말로 고치세요.

a) 지붕 _____   앞마당 _____   다락 _____
   문패 _____   잔디 _____

b) ceiling _____   armchair _____   floor _____
   fan _____   painting _____

c) mirror _____   soap _____   bathtub _____
   toothpaste _____   towel _____

d) 침대 _____   베개 _____   옷장 _____
   서랍 _____   화장대 _____

3 다음 그림을 영단어와 연결시키세요.

·   ·   ·   ·   ·

·   ·   ·   ·   ·

kettle   bowl   ladle   cupboard   microwave

4 다음 보기에서 단어를 골라 빈칸에 넣으세요.

nail   screw   potty   toy   feeding bottle

crib   dustcloth   hammer   hatchet   ladder

a) 유아용 변기 _____   아기 침대 _____   장난감 _____

   젖병 _____   걸레 _____

b) 망치 _____   못 _____   나사 _____

   사다리 _____   도끼 _____

Theme 4

society 사회

01 city 도시

☐ apartment building

[əpá:rtmənt bíldiŋ] 어파트먼트빌딩
아파트 단지의 한 동

☐ police station

[pəlí:s stèiʃən] 펄리스테이션 경찰서

☐ library [láibrèri] 라이브레리
도서관

☐ cinema [sínəmə] 씨너머 영화관

☐ school [sku:l] 스쿨 학교

☐ shop [ʃɑp] 샵 가게
☐ signboard [sáinbò:rd]
싸인보드 간판

□ **department store**

[dipá:rtmənt stɔ:r] 디팟먼트 스토어 백화점

After leaving school, I got a job in
a department store.
학교 졸업 후 나는 백화점에 취업했다.

□ **hospital** [háspitl]

하스피틀 병원

□ **post office** [poust ɔ́(:)fis]

포우스트오피스 우체국

□ **pharmacy** [fá:rməsi]

파머시 약국(drugstore)

관련 단어

□ **downtown** [dáuntáun] 다운타운 시내 번화가

□ **bridge** [bridʒ] 브리지 육교, 다리

□ **building** [bíldiŋ] 빌딩 빌딩, 건물

□ **bus stop** [bʌstɑp] 버스탑 버스 정류소

□ **church** [tʃə:rtʃ] 처취 교회

□ **stationery** [stéiʃənèri] 스테이셔네리 문구점

1 수

2 인간

3 가정

4 사회

5 교통

6 업무

7 쇼핑

8 스포츠/취미

9 자연

☐ **museum** [mjuːzíːəm] 뮤지엄 박물관, 기념관
They toured the art museum.
그들은 그 미술관을 견학했다.

☐ **factory** [fǽktəri] 팩터리 공장

☐ **parking lot** [páːrkiŋ lɑt] 파킹랏 주차장

☐ **railroad station** 레일로드 스테이션 철도역(railway station)

☐ **busy streets** 비지스트릿츠 번화가

☐ **karaoke room** [kæriouki ~] 캐리오우키 룸 노래방

☐ **coffee shop** 커피샵 커피숍(coffee house)

☐ **bakery** [béikəri] 베이커리 빵집(bakeshop)

☐ **convenience store** [kənvíːnjəns ~] 컨비년스토어 편의점

☐ **inconvenient** [ìnkənvíːnjənt] 인컨뷔년트 불편한

☐ **barber shop** 바버샵 이발소

☐ **butcher's** [bútʃərz] 부쳐스 정육점(butcher shop)

☐ **florist** [flɔ́ːrist] 플로리스트 꽃집
Is there a florist around here?
이 근처에 꽃가게가 있나요?

☐ **grocery** [gróusəri] 그로우서리 식료품점, 채소 가게

☐ **bookstore** [búkstɔ̀ːr] 북스토어 서점

☐ **underground shopping center** 언더그라운드 샤핑센터 지하상가

☐ **electrical appliances shopping area**
일렉트리컬 어플라이언스 샤핑에어리어 전자상가

☐ **high rise** [hai raiz] 하이라이즈 고층 건물(skyscraper)

☐ **alley** [ǽli] 앨리 골목(byway)

☐ **crossroad** [krɔ́:sròud] 크로스로드 교차로(crossway)

☐ **crosswalk** [krɔ́:swɔ̀:k] 크로스워크 횡단보도

☐ **sidewalk** [sáidwɔ̀:k] 사이드워크 인도, 보도(pavement)

☐ **construct** [kənstrʌ́kt] 컨스트럭트 건설하다(↔ destroy 파괴하다)

02 post office 우체국

□ **mail carrier**
[méil kæ̀riər]

메일캐리어 집배원(postman)

□ **letter** [létər]

레터 편지

□ **stamp** [stæmp]

스탬프 우표

□ **zip code** [zíp kòud]

집코드 우편번호

□ **fragile** [frǽdʒəl]

프레절 취급주의, 연약한

□ **envelope** [énvəlòup]

엔벌롭 봉투

He cut the envelope open.
그는 봉투를 잘라 열었다.

□ **mailbox** [méilbàks]

메일박스 우체통(letterbox)

1 수

2 인간

3 가정

4 사회

5 교통

6 업무

7 쇼핑

8 스포츠/취미

9 자연

관련 단어

☐ **postal clerk** [póustəl klə:rk] 포스털클럭 우체국 직원

☐ **postmark** [póustmà:rk] 포우스트마크 소인

☐ **scale** [skeil] 스케일 저울

☐ **courier** [kúriər] 쿠리어 택배

☐ **package** [pǽkidʒ] 패키지 소포(parcel)

☐ **window** [wíndou] 윈도우 창구(counter)

☐ **registered mail** [rédʒəstə:rd mèil] 레지스터드 메일 등기우편

☐ **express mail** [iksprés mèil] 익스프레스 메일 속달

☐ **junk mail** [dʒʌ́ŋk mèil] 정크메일 광고성 우편

Jokes

Did you hear that the Post Office had to recall its series of stamps depicting famous lawyers? People were confused about which side to spit.

체신국에서 유명 변호사들 모습을 실은 우표 시리즈를 반품하게 된 거 들었어? 사람들이 어느 쪽에 침을 뱉어야 할지 헷갈린다는군.

*미국엔 유난히 변호사를 비난하는 조크가 많습니다. 변호사 인구도 유난히 많다고 합니다. 한국엔 인구 2,500명당 변호사 한 명인데 미국엔 250명당 한명이라고 합니다.

03 hospital 병원

☐ **doctor** [dáktər]

닥터 의사

☐ **internal department**

[intə́:rnəl ~] 인터널 디팟먼트 내과

☐ **surgery** [sə́:rdʒəri] 서저리 외과

☐ **nurse** [nə:rs] 간호사

☐ **obstetrics and gynecology**

[əbstétriks, gàinikáləʤi]

압스터트릭스 앤 가이니칼러지 산부인과

☐ **pediatrics** [pèdiǽtriks]

페디애트릭스 소아과

☐ **ENT** 이앤티 이비인후과

1 수

2 인간

3 가정

4 사회

5 교통

6 업무

7 쇼핑

8 스포츠·취미

9 자연

□ **dentist's** [déntists]
덴티스츠 치과

□ **psychiatry** [saikáiətri]
사이키애트리 정신과

□ **dermatology**
[də̀ːrmətálədʒi] 더머탈러지
피부과

□ **cast** [kæst]
캐스트 깁스

□ **crutches** [krʌtʃ]
크러취즈 목발

□ **thermometer** [θəːrmómitəːr]
서머미터 체온계, 온도계

What does the thermometer say?
체온계가 몇도인가요?

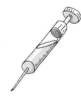

□ **injection** [indʒékʃən]
인젝션 주사(shot)

□ **get an injection**
게런 인젝션 주사를 맞다

139

□ **reception** [risépʃən] 리셉션 접수

□ **ambulance** [ǽmbjuləns] 앰뷸런스 구급차
I had to take an ambulance.
나는 구급차를 불러야 했다.

□ **emergency room** [imɔ́:rdʒənsi] 이머전시 룸 응급실

□ **EMT(emergency medical technician)**
이엠티 응급구조요원

□ **wheelchair** [hwí:ltʃɛ̀ə:r] 휠체어 휠체어

□ **IV injection** [áivíː indʒékʃən] 아이뷔 인젝션 링거

□ **urology** [juərálədʒi] 유어랄러지 비뇨기과

□ **eye clinic** 아이클리닉 안과

□ **plastic surgery** [plǽstik sɔ́:rdʒəri] 플래스틱 서저리 성형외과
I have never had plastic surgery.
나는 한번도 성형수술을 받은 적이 없다.

□ **patient** [péiʃənt] 페이션트 환자

□ **examination** [igzæmənéiʃən] 익제미네이션 진찰(checkup)

□ **treatment** [trí:tmənt] 트리트먼트 치료(cure)

□ **medical checkup** [médikəl tʃékʌ̀p] 메디컬체컵 건강진단

□ **urine test** 유린테스트 소변검사

□ **blood test** 블런테스트 혈액검사

□ **X-ray examination** 엑스레이 익재미네이션 엑스레이검사

□ **blood-pressure check** 블럿프레저 첵 혈압 측정

1 수

2 인간

3 가정

4 사회

5 교통

6 업무

7 쇼핑

8 스포츠/취미

9 자연

□ **antibody** [ǽntibadi] 앤티바디 항체

□ **counteractive** [kàuntərǽktiv] 카운터액팁 중화제

□ **disinfection** [dìsinfékʃən] 디스인펙션 소독

□ **operation** [àpəréiʃən] 아퍼레이션 수술(surgery)

□ **prescription** [priskrípʃən] 프리스크립션 처방전

□ **narcotism** [ná:rkətìzm] 나커티즘 마취

□ **mad** [mæd] 매드 미친(↔ sane 제정신의), 화난

Jokes

Q: Why is a doctor always calm.

의사는 왜 항상 조용한가?

A: Because it has a lot of patients.

왜냐하면 환자가 많으니까.

*patient는 명사로 '환자'인데 형용사로서 '인내심 있는, 참을성 있는'이란 뜻도 된다. 이를 이용한 말장난이다.

04 pharmacy 약국

□ **capsule** [kǽpsju:l] 캡슐 캡슐

□ **pill** [pil] 필 알약(tablet)

□ **syrup** [sírəp] 시럽

물약(liquid medicine)

□ **ointment** [ɔ́intmənt]

오인트먼트 연고

□ **gauze** [gɔːz] 거즈

거즈

□ **band-aid** [bǽndèid]

밴데이드 일회용 반창고

1 수

2 인간

3 가정

4 사회

5 교통

6 업무

7 쇼핑

8 스포츠/취미

9 자연

관련 단어

☐ **eye drops** 아이드랍스 안약
Use eye drops twice a day.
하루 두 번 안약을 넣으세요.

☐ **suppository** [səpázətɔ̀ːri] 서퍼지터리 좌약

☐ **adhesive tape** [ædhíːsiv] 앤히시브 테입 반창고

☐ **sanitary towel** [sǽnətèri táuəl] 새니터리 타월 생리대

☐ **bandage** [bǽndidʒ] 밴디지 붕대

☐ **pharmacist** [fɑ́ːrməsist] 파머시스트 약사

☐ **medicine** [médəsən] 메더선 내복약

☐ **dosage** [dóusidʒ] 도우시쥐 1회 복용량

☐ **side effect** 사이드 이펙트 부작용

☐ **painkiller** [péinkìlər] 페인킬러 진통제

☐ **cold medicine** 코울드 메디신 감기약(cold remedy)

☐ **digestive medicine** [daidʒéstiv] 다이제스팁 메디신 소화제

☐ **sleeping pill** [slíːpiŋ pil] 슬리핑필 수면제
TV is my sleeping pill.
TV가 내겐 수면제입니다.

☐ **sedative** [sédətiv] 세더티브 진정제

☐ **anti-inflammatory** [æ̀ntiinflǽmətɔ̀ːri] 앤티인플레머토리 소염제

☐ **medicated patch** 메디케이팃 패취 파스

☐ **fever reducer** 피버 리듀서 해열제(fever remedy)

☐ **antidiarrheal** [æ̀ntidàiəríːəl] 앤티다이어리얼 지사제

☐ **antibiotic** [æntibɑɪɑːtɪk] 앤티바이아틱 항생제

☐ **constipation medicine** [kɑ̀nstəpéiʃən ~] 컨스티페이션 메디신 변비약

☐ **contraceptive** [kɑ̀ntrəséptiv] 칸추러셉티브 피임약(the pill)

☐ **parasiticide** [pærəsítisàid] 패러시티사이드 구충제

☐ **normal saline solution** 노멀 샐린 솔루션 생리식염수

☐ **skin care** [skín kɛ̀ər] 스킨케어 피부 관리용품

☐ **effective** [iféktiv] 이펙팁 효과적인(efficient)

☐ **ineffective** [ìniféktiv] 이니펙팁 효과가 없는, 무효의(noneffective)

144

1 수

2 인간

3 가정

4 사회

5 교통

6 업무

7 쇼핑

8 스포츠/취미

9 자연

Unit

05 illness 질병

☐ **headache** [hédèik]

헤데이크 두통

☐ **cold** [kould]

코울드 감기

☐ **flu** [flu:] 플루

독감(influenza)

☐ **sneeze** [sni:z] 스니즈

재채기

☐ **nausea** [nɔ́:ziə] 노-지어

구역질

☐ **fever** [fí:vər] 피버 발열

☐ **nosebleed** [nóuzblì:d]

노우즈블린 코피

145

□ **burn** [bəːrn] 번 화상

□ **allergy** [ǽlərdʒi]

엘러지 알레르기

□ **wound** [wuːnd] 운드

상처(injury, hurt)

Did you stitch the wound?
상처를 꿰맸나요?

□ **blister** [blístər]

블리스터 물집

□ **cavity** [kǽvəti]

캐버티 충치

□ **high blood pressure**

[~ blʌ́d préʃər] 하이 블럿프레셔 **고혈압**

146

1 수

2 인간

3 가정

4 사회

5 교통

6 업무

7 쇼핑

8 스포츠/취미

9 지역

관련 단어

□ **cough** [kɔːf] 코프 기침

Love and a cough cannot be hid.
사랑과 기침은 감출 수 없다.

□ **vomit** [vómit] 보밋 구토하다(bring up)

□ **morning sickness** 모닝 씩니스 입덧

□ **get sick** 겟씩 병이 나다(catch a disease)

□ **groan** [groun] 그로운 신음하다(moan)

□ **virus** [váiərəs] 바이어러스 병균

□ **tumor** [tjúːmər] 튜머 종양

□ **cancer** [kǽnsər] 캔서 암

□ **diabetes** [dàiəbíːtiːz] 다이어비티즈 당뇨병

□ **chill** [tʃil] 칠 오한

□ **rhinitis** [raináitis] 라이나이티스 비염

□ **tonsillitis** [tànsəláitis] 탄설라이티스 편도선염

□ **hepatitis B** [hèpətáitis biː] 헤퍼타이티스비 B형 간염

□ **pneumonia** [njumóunjə] 누모우니어 폐렴

□ **gastritis** [gæstráitis] 개스추라이티스 위염

□ **cystitis** [sistáitis] 씨스타이티스 방광염

□ **appendicitis** [əpèndəsáitis] 어펜디사이티스 맹장염

□ **rheumatism** [rúːmətìzm] 류머티즘 류머티즘

□ **stomach ulcer** [~ ʌ́lsər] 스터먹 얼서 위궤양

□ **migraine** [máigrein] 마이그레인 편두통

147

☐ **pain** [pein] 페인 통증, 아픔(ache)

After agreat pain, a normal feeling comes.
큰 고통 뒤에는 평온한 감정이 찾아온다.

☐ **stomachache** [stʌməkeik] 스터먹에익 복통(bellyache)

☐ **menstrual pain** 멘스추얼페인 생리통(period pain)

☐ **diarrhea** [dàiərí:ə] 다이어리어 설사

☐ **constipation** [kùnstəpéiʃən] 칸스터페이션 변비

☐ **indigestion** [ìndaidʒéstʃən] 인다이제스천 소화불량(indigestive 소화불량의)

☐ **insomnia** [insámniə] 인삼니어 불면증(sleeplessness)

☐ **measles** [mí:zlz] 미즐즈 홍역

☐ **hemorrhoids** [hémərɔ̀idz] 헤머로이즈 치질

☐ **STD** 에스티디 성병(VD)

☐ **anemia** [əní:miə] 어니미어 빈혈

☐ **dizziness** [dízinis] 디지니스 현기증(vertigo)

☐ **bleeding** [blí:diŋ] 블리딩 출혈

☐ **bone fracture** 보운 프랙처 골절

☐ **prohibit** [prouhíbit] 프로우히빗 금지하다, 불가능하게 하다(forbid)

Bone fracture prohibited him from going out.
그는 골절 때문에 외출할 수가 없었다.

☐ **neuralgia** [njuərǽldʒə] 누어랠저 신경통

☐ **bruise** [bru:z] 브루즈 멍

☐ **sunstroke** [sʌnstrouk] 썬스트로욱 일사병

□ **food poisoning** 푿 포이저닝 식중독

□ **hives** [háivz] 하이브즈 두드러기

□ **rash** [ræʃ] 래쉬 발진

□ **athlete's foot** 어슬리츠 풋 무좀

□ **obesity** [oubí:səti] 오우비서티 비만
We have a problem with obesity.
우리는 비만 문제를 갖고 있다.

□ **malnutrition** [mælnu:trıʃn] 맬뉴트리션 영양실조

□ **heart attack** 하트 어택 심장발작

□ **avian influenza** 에이비언 인플루엔자 조류독감

□ **foot-and-mouth disease** 풋앤마우스 디지즈 구제역

□ **sequela** [sikwí:lə] 시퀠러 후유증

□ **disability** [dìsəbíləti] 디서빌리티 무능, 무력

□ **immovable** [imú:vəbl] 이무버블 움직일 수 없는

□ **blind** [blaind] 블라인드 앞을 못 보는

□ **deaf** [def] 데프 소리를 못 듣는

□ **unhealthy** [ənhélθi] 언헬시 건강에 나쁜, 건강하지 못한

□ **irregular** [irégjulər] 이레귤러 불규칙적인
Having irregular meals is unhealthy.
불규칙적인 식사는 건강에 해롭다.

□ **unbearable** [ənbérəbəl] 언베어러블 참을 수 없는, 견딜 수 없는

□ **uncomfortable** [ənkʌ́mfərtəbəl] 언컴퍼터블 불편한, 언짢은

1 수
2 인간
3 가정
4 사회
5 교통
6 업무
7 쇼핑
8 스포츠·취미
9 지역

Unit
06 fast food 패스트푸드

□ **French fries**
[fréntʃ fráiz]

프렌치프라이즈 감자튀김

□ **fried chicken**
[fráid tʃíkin] 프라이드치킨

프라이드치킨

□ **doughnut**
[dóunʌ̀t] 도우넛 도넛

□ **sandwich** [sǽndwitʃ]

샌드위치 샌드위치

□ **hamburger** [hǽmbə̀ːrgər]
햄버거 햄버거

I had a hamburger for lunch.
점심으로 햄버거를 먹었습니다.

□ **hot dog** [hát dɔ̀ːg] 핫독
핫도그(빵으로 소시지를 감싸 먹는 것)

□ **corn dog** [kɔ́ːrn dɔ̀ːg] 콘독
핫도그(한국식)

□ **coke** [kouk] 코우크 콜라
□ **straw** [strɔː] 스트로 빨대

150

1 수

2 인간

3 가정

4 사회

5 교통

6 업무

7 쇼핑

8 스포츠·취미

9 자연

관련 단어

☐ **food stall** 푸드스톨 포장마차

☐ **curry** [kə́:ri] 커리 카레

☐ **snack** [snæk] 스낵 가벼운 식사, 간식

☐ **dumpling** [dʌ́mpliŋ] 덤플링 만두

☐ **taco** [tá:kou] 타코우 타코(얇은 부침개 같은 것. 옥수수, 피망 등을 싸 먹음)

☐ **tray** [trei] 트레이 쟁반

☐ **combo** [kámbou] 캄보우 세트 메뉴

☐ **cheeseburger** [tʃiˈzbərgər] 치즈버거 치즈버거

☐ **pizza** [pí:tsə] 핏자 피자

☐ **soft drink** [sɔ́ft dríŋk] 소프트드링크 청량음료

☐ **milk shake** [mílk ʃèik] 밀크세이크 밀크세이크

☐ **sweet** [swi:t] 스윗 달콤한

☐ **tasty** [téisti] 테이스티 맛있는

☐ **sour** [sauər] 사우어 새콤한

Dialogue

A: What can I get for you? 무엇을 드릴까요?

B: I'll have cheese burger combo. 치즈버거 세트 주세요.

A: For here or to go? 여기서 드실 건가요. 아님 포장이세요?

*한국에선 take-out, 직역하자면 "밖으로 꺼냄"입니다. 미국에선 to-go라고 합니다.
그리고 세트(set)가 아닌 combo라고 표현한다는 것. 그리고 보통 감자튀김과 햄버
거, 음료수가 함께 나오는 것을 세트라고 하는데 combo가 옳은 표현이죠.

151

□ **steak** [steik] 스테이크

스테이크

□ **salad** [sǽləd] 샐러드

샐러드

□ **curry and rice**
[kə́ri ənd rais] 커리앤라이스

카레라이스

□ **seafood** [síːfùːd] 씨푸드 해산물 요리

We can enjoy all kinds of seafood there.
우리는 거기에서 온갖 해산물을 먹을 수 있어.

□ **spaghetti** [spəɡéti]

스퍼게티 스파게티

□ **soup** [suːp] 숩 수프

1 수

2 인간

3 가정

4 사회

5 교통

6 업무

7 쇼핑

8 스포츠/취미

9 자연

관련 단어

☐ **reservation** [rèzərvéiʃən] 레저붸이션 예약

☐ **today's special** 투데이스페셜 오늘의 추천 요리

☐ **well-done** [wéldʌ́n] 웰던 (고기를) 충분히 익힌

☐ **medium** [mí:diəm] 미디엄 중간 정도로 익힌

☐ **rare** [reə:r] 레어 살짝 익힌

☐ **appetizer** [ǽpitàizər] 에퍼타이서 전채, 에피타이저

☐ **starter** [stá:rtər] 스타터 처음 나오는 요리

☐ **main course** [méin kɔ́:rs] 메인코스 주요리

☐ **side order** [sáid ɔ́:rdər] 사이드오더 추가 주문

☐ **child's meal** [tʃaildz mi:l] 차일즈밀 어린이 메뉴

☐ **pasta** [pá:stə] 파스타 파스타

☐ **barbecue** [bá:rbikjù:] 바비큐 바비큐

☐ **pork cutlet** [pɔ:rk kʌ́tlit] 폭 컷릿 돈가스
I'd like to eat this pork cutlet on rice.
나는 이 돈가스 덮밥을 먹겠습니다.

☐ **beef cutlets** [bi:f kʌ́tlit] 빚컷리츠 비프커틀릿

☐ **omelet over rice** [áməlit óuvər rais] 어믈릿 오버라이스 오므라이스

☐ **lobster** [lábstər] 랍스터 바닷가재

☐ **boiled rice** [bɔild rais] 보일드 라이스 밥

☐ **grilled fish** [grild ~] 그릴드 피쉬 생선구이

☐ **sashimi** [sá:shi:mi] 사쉬미 생선회

153

□ **sushi** [suːʃi] 스쉬 생선초밥

□ **order** [ɔ́ːrdər] 오더 주문

□ **wet towel** [wet táuəl] 웻타월 물수건

□ **check** [tʃek] 체크 계산서

□ **serve** [səːrv] 서브 (음식을) 제공하다

□ **chew** [tʃuː] 추 씹다

□ **rot** [rɑt] 랏 썩다(go bad)

□ **rotten** [rátn] 라튼 썩은(corrupt)

□ **courteous** [kɔ́ːrtiəs] 커티어스 공손한, 정중한

□ **warmhearted** [wɔ́ːrmháːrtid] 웜하팃 따뜻한, 친절한

□ **inhospitable** [inháspitəbl] 인하스피터블 불친절한, 대접이 나쁜

would like to have ~ : ~주세요, ~을 원하다

*일반적으로 자리를 잡으면 종업원이 우선 마실 것부터 주문을 받습니다. 마실 것 나오는 동안에 메뉴를 고르게 되고, 음료가 준비되면 음식 주문 받으러 옵니다. 보통 "today's special," 오늘의 추천 메뉴"는 그날 재료와 주방장이 자신 있는 음식으로 내오기 때문에 자주 이용됩니다.

would like to는 줄여서 'd like to라고 합니다. 더 짧게 'd like+목적어도 됩니다.

예) I'd like some water. 물 좀 주세요.
I'll have this one. 이걸 먹겠습니다.
Can I have a hamburger? 햄버거 주시겠어요? (겸손한 표현)

1 수

2 인간

3 가정

4 사회

5 교통

6 업무

7 쇼핑

8 스포츠/취미

9 자연

Unit

08 coffee house 커피숍

□ **cafe au lait**
[kæféi ou léi] 캐페이오우레이

밀크커피

□ **iced coffee**
아이스드 커피

아이스커피

□ **to go** 투고우
테이크아웃

□ **cappuccino**
[kà:pjutʃíːnou] 캐푸치노우

카푸치노

□ **herb tea**
헙티 허브차

□ **lemon tea**
레먼티 레몬차

관련 단어

□ **black coffee** 블랙커피 블랙커피

□ **Americano** [əmèrikánou] 어메리카노우 아메리카노커피
Can I have a tall Americano?
아메리카노 큰 거 하나 주실래요?

□ **espresso** [esprésou] 에스프레소우 에스프레소

155

□ **Café Latte** [kæféi lǽtei] 캐페이래테이 카페라떼

□ **Cafe Mocha** [kæféi móukə] 캐페이모카 카페모카

□ **oolong tea** [úːlɔ̀ːŋ] 울롱티 우롱차

□ **milk tea** 밀크티 밀크티

□ **green tea** 그린티 녹차

You want that green tea to go?
녹차를 가져가시겠어요?

□ **barley tea** [báːrli tiː] 발리티 보리차

□ **jasmine tea** [dʒǽzmin ~] 줴즈민티 자스민차

□ **apple smoothie** [~ smúːði] 애플스무디 사과 스무디

□ **kiwi juice** 키위주스 키위주스

156

09 bar 술집

1 수

2 인간

3 가정

4 사회

5 교통

6 업무

7 쇼핑

8 스포츠/취미

9 자연

☐ **bartender** [bá:rtèndər]

바텐더 바텐더

☐ **cocktail** [káktèil]

칵테일 칵테일

☐ **draft beer** [dræft biər]

드랩트 비어 생맥주

☐ **sparking water**

[spɑːrkiŋ wɔ́ːtər] 스파클링 워터

소다수

☐ **wine** [wain] 와인 와인

☐ **sampler** [sǽmplər]

샘플러 안주(accompaniment)

157

□ **whiskey** [hwíski] 위스키 위스키

□ **rum** [rʌm] 럼 럼주

□ **vodka** [vɑ́dkə] 보드카 보드카

□ **gin** [ʤin] 진 진

□ **gin and tonic** [ʤin ənd tɑ́nik] 진앤타닉 진토닉

□ **beer** [biər] 비어 맥주

When you grow up, you have to drink beer.
어른이 되면 맥주를 마셔야 해.

□ **champagne** [ʃæmpéin] 샴페인 샴페인

□ **on the rocks** 온더 락스 잔에 얼음을 넣고 양주를 부은 것

□ **rice wine** 라이스와인 청주

□ **ashtray** [ǽʃtrèi] 애쉬트레이 재떨이

□ **alcoholic content** [æ̀lkəhɔ́:lik kəntént] 앨커홀릭 컨텐트 알코올 도수

□ **nonalcoholic** [nɑ̀nælkəhɔ́:lik] 난앨커홀릭 알코올 성분이 없는

□ **barhopping** [bɑ́:rhɔ̀piŋ] 바호핑 여러 곳에 걸쳐 마시기, 2차 3차 옮기기

□ **get drunk** [get drʌŋk] 겟드렁크 취하다

It's not a crime to get drunk.
술 취하는 것이 범죄는 아니다.

□ **nonsmoker** [nansmóukər] 난스모우커 금연가, 비흡연자

□ **Cheers!** [tʃiərz] 치어즈 건배!

□ **toast** [toust] 토우스트 축배의 말

□ **sober** [sóubər] 소우버 취하지 않은, 멀쩡한(serious)

1 수

2 인간

3 가정

4 사회

5 교통

6 업무

7 쇼핑

8 스포츠/취미

9 자연

☐ **tipsy** [típsi] 팁시 술에 취한, 비틀거리는(drunken)

☐ **immoderate** [imádərit] 이마더릿 무절제한(excessive)

☐ **infirm** [infɔ́ːrm] 인펌 허약한, 약한(weak)

☐ **insecure** [ìnsikjúər] 인시큐어 불안정한, 불안한(uncertain)

☐ **abstain** [æbstéin] 앱스테인 그만두다, 끊다(refrain)

Jokes

A man walks into a bar, goes up to a beautiful lady and asks the waiter for some ice.
The waiter gives him ice, he takes it and breaks it on the table.
He turns to the woman and says "Now that the ice is broken, could I buy you a drink?"

어떤 사내가 술집에 들어가서 예쁜 아가씨에게 다가가서 웨이터에게 얼음을 가져오라고 부탁한다. 웨이터가 얼음을 주자 그는 얼음을 테이블 위에 놓고 부숴버리는 게 아닌가. 그는 아가씨를 보고 말한다. "이제 얼음이 부숴졌으니 아가씨에게 한잔 사도 되겠소?"

*처음 만난 사이에 서먹서먹한 분위기를 해소하는 것을 ice break라고 한다. 이말을 응용한 조크다.

10 hotel 호텔

□ **main building**

[mein bíldiŋ] 메인빌딩 본관

□ **annex** [ənéks] 어넥스 별관

□ **lobby** [lábi] 라비 로비

□ **tip** [tip] 팁 팁

□ **front desk** [frʌnt desk]

프런트데스크 프런트

□ **single (room)**

[síŋgl ru:m] 싱글(룸) 1인실

□ **double (room)**

[dʌ́bl ru:m] 더블(룸) 2인실

□ **bellboy** [bélbɔ̀i]

벨보이 사환, 보이

□ **chamber-maid**

[tʃéimbərmèid] 체임버메이드

객실 담당 여직원

관련 단어

□ **cloakroom** [klóukrùːm] 클로욱룸 물품보관소

□ **elevator** [éləvèitər] 엘리베이터 엘리베이터

Wait until a lady is out of the elevator.
아가씨가 엘리베이터에서 나올 때까지 기다리세요.

□ **corridor** [kɔ́ːridər] 코리더 복도

□ **reserve** [rizə́ːrv] 리저브 예약하다(book)

□ **check-in** [tʃékìn] 체킨 체크인, 도착 수속

□ **check-out** [tʃékáut] 체카웃 체크아웃, 떠나가는 수속

□ **suite** [swiːt] 스위트 스위트룸

□ **vacancy** [véikənsi] 베이컨시 빈방(empty room)

□ **unlock** [ənlák] 언락 잠긴 것을 열다

I would like you to unlock the room.
잠긴 문을 열어 주셨으면 합니다.

□ **wake-up call** [wéikʌp kɔːl] 웨이컵콜 모닝콜

□ **five-star hotel** 파이브스타 호우텔 5성급 호텔, 최고급 호텔

1 수
2 인간
3 가정
4 사회
5 교통
6 연무
7 쇼핑
8 스포츠/취미
9 지역

☐ **inn** [in] 인 여관

☐ **stay at** 스테이엣 숙박하다(put up at)

☐ **room charge** 룸차쥐 숙박료

☐ **guest** [gest] 게스트 투숙객

☐ **valet parking** 밸레이파킹 대리주차 서비스

☐ **Babysitting Services** 베이비시팅 서비시즈 유아 돌봐드림

☐ **Cashier** [kǽʃiər] 캐쉬어 출납원, 계산소

☐ **Clinic** [klínik] 클리닉 의무실

☐ **Currency Exchange** 커런시 익스체인지 환전

☐ **Do Not Disturb** 두낫 디스터브 방문 사절 (문 밖에 걸어놓음)

☐ **Employees Only** 엠플로이즈 온리 관계자 외 출입금지

☐ **Make Up Room** 메이컵 룸 방 청소중

Jokes

My daughter was asked by a little old lady in a London hotel restaurant what her daddy did. She answered, "He's a pirate" - I was very proud of that answer." -Johnny Depp-

런던의 호텔 레스토랑에서 우리 딸내미에게 어떤 노파가 물었다. 아빠는 뭐하는 분이냐고. 그 아이 대답은 "아빠는 해적이에요." 난 그 대답이 무척이나 자랑스러웠다. ―조니뎁―

11 school 학교

☐ **elementary school** 엘리먼터리 스쿨 초등학교

☐ **middle school** 미들스쿨 중학교(junior high school)

☐ **high school** 하이스쿨 고등학교

My mother graduated from high school and went to work.
엄마는 고등학교 졸업하고 일하러 가셨다.

☐ **college** [kálidʒ] 칼리지 대학교

☐ **university** [jùːnəvə́ːrsəti] 유니버시티 종합대학

☐ **junior college** 주니어 칼리지 전문대

☐ **graduate school** 그래주잇 스쿨 대학원

☐ **undergraduate studies** 언더그래주잇 스터디스 학부과정

☐ **graduate** [grǽdʒuət] 그래주잇 대학 졸업자, 학사

☐ **alumnus** [əlʌ́mnəs] 얼럼너스 남자 동창생(여성 alumna)

☐ **master's degree** 매스터스 디그리 석사학위

☐ **doctor's course** 닥터스 코스 박사과정

☐ **scholarship** [skálərʃip] 스칼라쉽 장학금(fellowship)

☐ **gymnasium** [dʒimnéiziəm] 짐네이지엄 체육관(gym)

☐ **playground** [pléigràund] 플레이그라운드 운동장, 노는 곳

We have a well equipped playground.
우리는 시설 좋은 운동장이 있다.

☐ **auditorium** [ɔ̀ːditɔ́ːriəm] 오디토리엄 강당

☐ **dormitory** [dɔ́ːrmətɔ̀ːri] 도미터리 기숙사

☐ **library** [láibrèri] 라이브러리 도서관

- ☐ **department** [dipá:rtmənt] 디팟먼트 학과
- ☐ **principal's room** 프린서플스 룸 교장실
- ☐ **teacher's room** 티처스 룸 교무실
- ☐ **administration office** 엇미니스트레이션 오피스 행정실
- ☐ **medical office** 메디컬 오피스 양호실
- ☐ **college entrance exam** 칼리지 엔트런스 익젬 대입시험
- ☐ **freshman** [fréʃmən] 프레쉬먼 대학 1학년
- ☐ **sophomore** [sáfəmɔ̀:r] 사퍼모어 대학 2학년
- ☐ **junior** [dʒú:njər] 주니어 대학 3학년, 후배
- ☐ **senior** [sí:njər] 씨녀 대학 4학년, 선배
- ☐ **report card** 리폿카드 통지표, 성적표
- ☐ **registration period** 리지스트레이션 피리엇 등록기간
- ☐ **leave of absence** 리브업 앱슨스 휴학
- ☐ **quit school** 큇스쿨 자퇴하다(leave school)
- ☐ **permit** [pərmít] 퍼밋 허락하다(↔ prohibit 금지하다)
- ☐ **return to school** 리턴투 스쿨 복학하다
- ☐ **graduation** [græʤuéiʃən] 그래주에이션 졸업

  After graduation, she got a job with a publisher.
  졸업하고 나서 그녀는 출판사에 취업했다.

- ☐ **diploma** [diplóumə] 디플로우머 졸업장
- ☐ **learned** [lə́:rnid] 러니드 학식 있는(↔ ignorant 무지한)

164

12 classroom 교실

1 수

2 인간

3 가정

4 사회

5 교통

6 업무

7 쇼핑

8 스포츠/취미

9 자연

❶ **desk** [desk] 데스크 책상　　❷ **chair** [tʃɛər] 체어 의자

❸ **blackboard** [blǽkbɔ̀ːrd] 블랙보드 칠판

❹ **teacher** [tíːtʃər] 티처 교사

❺ **pupil** [pjúːpl] 퓨필 학생(초등, 중학생), 눈동자

❻ **textbook** [tékstbùk] 텍스트북 교과서

❼ **pencil case** [pénsəl keis] 펜슬케이스 필통

❽ **ruler** [rúːlər] 룰러 자　　❾ **pencil** [pénsəl] 펜슬 연필

❿ **coloring pencil** 컬러링 펜슬 색연필

⓫ **globe** [gloub] 글로우브 지구본

⓬ **eraser** [iréizər] 이레이저 지우개

⓭ **bulletin board** [búlətin bɔːrd] 불러틴 보드 게시판

165

☐ **platform** [plǽtfɔːrm] 플랫폼 교단, 기반, 승강장

☐ **student** [stjúːdənt] 스튜던트 학생(고등학생 이상)

☐ **classmate** [klǽsmèit] 클래스메이트 급우, 반친구

☐ **attendance** [əténdəns] 어텐던스 출석

☐ **reference book** 레퍼런스북 참고서

☐ **dictionary** [díkʃənèri] 딕셔너리 사전

☐ **abnormal** [æbnɔ́ːrməl] 앱노멀 비정상적인(↔ normal 정상적인)
In class, her actions are abnormal.
수업시간 그녀의 행동은 비정상적이다.

☐ **examination** [igzæmənéiʃən] 익제미네이션 시험

☐ **homework** [hóumwòrk] 홈웍 숙제

☐ **review** [rivjúː] 리뷰 복습하다, 검토하다
The contract is under review.
계약서는 검토중이다.

☐ **thumbtack** [θʌ́mtæk] 섬택 압정

☐ **map** [mæp] 맵 지도

☐ **education** [èdʒukéiʃən] 에쥬케이션 교육

☐ **teach** [tiːtʃ] 티치 가르치다(instruct)

☐ **comprehend** [kàmprihénd] 캄프리헨드 이해하다(understand)

☐ **term** [təːrm] 텀 학기(semester)

☐ **be late for school** 비레잇 포 스쿨 지각하다

☐ **be absent from school** 비앱슨트 프림 스쿨 결석하다

☐ **cut a class** 커러 클래스 수업을 땡땡이 치다

☐ **misbehave** [mìsbihéiv] 미스비헤입 못되게 굴다, 행실이 나쁘다
She has misbehaved from the first time.
그녀는 처음부터 못되게 굴었다.

☐ **look up to** 룩업투 존경하다(↔ look down on 업신 여기다)

☐ **respect** [rispékt] 리스펙트 존경, 존중(honor)

Jokes

"Class, do you know how many hours you are wasting on your smart phones daily?" A quiet hush falls over the class. One student breaks it up. "I know, Sir, let's Google it!"

"제군, 여러분은 매일 스마트폰으로 얼마나 많은 시간을 낭비하는지 아는가?" 교실이 조용해진다. 어떤 학생이 정적을 깬다. "저도 알아요, 선생님. 그걸 검색해 보시죠!"

167

☐ **Korean history**

[kəríːən hístəri] 커리언 히스토리 국사

☐ **English** [íŋgliʃ] 잉글리시 영어

☐ **physical education** [fízikəl èdʒukéiʃən]

피지컬에주케이션 체육(P.E.)

Is physical education a required course?
체육은 필수 과목인가요?

☐ **science** [sáiəns]

사이언스 과학

☐ **chemistry** [kémistri]

케미스트리 화학

1 수

2 인간

3 가정

4 사회

5 교통

6 업무

7 쇼핑

8 스포츠/취미

9 자연

☐ **music** [mjúːzik]
뮤직 음악

☐ **fine art** [fain ɑːrt]
파인아트 미술

관련 단어

☐ **social studies** [sóuʃəl stʌ́diz] 소셜스터디즈 사회

☐ **geography** [ʤiːɑ́grəfi] 지아그러피 지리

☐ **required subject** 리콰이어드 섭젝트 필수과목

☐ **physics** [fíziks] 피직스 물리학

☐ **biology** [baiɑ́lədʒi] 바이알러지 생물

☐ **ethics** [éθiks] 에식스 윤리

☐ **agricultural science** [æɡrikʌ́ltʃərəl ~] 애그리컬춰럴 사이언스 농업학

☐ **medicine** [médisn] 메디슨 의학

☐ **law** [lɔː] 로 법률, 법학

☐ **political diplomacy** 팔러티컬 디플로머시 정치외교학

☐ **economics** [iːkənámiks] 이커나믹스 경제학

☐ **psychology** [saikɑ́lədʒi] 사이칼러지 심리학, 심리
I cannot understand her psychology.
나는 그녀의 심리를 이해할 수가 없다.

☐ **mathematics** [mæ̀θəmǽtiks] 매서매틱스 수학(math)

☐ **philosophy** [filɑ́səfi] 필라소피 철학

169

□ **business administration** 비즈니스 얻미니스트레이션 경영학

□ **elective subject** 일렉티브 섭젝트 선택 과목

□ **major** [méidʒər] 메이저 전공 과목; 전공하다

□ **cram** [kræm] 크램 억지로 채워넣다, 벼락치기로 공부하다

□ **quiz** [kwiz] 퀴즈 쪽지시험, 간단한 테스트

□ **midterm exam** 밋텀 익젬 중간고사

□ **final exam** 파이널 익젬 기말고사

□ **cheat** [tʃiːt] 치트 속이다, 컨닝하다

□ **term paper** 텀 페이퍼 기말 리포트

□ **grade** [greid] 그레이드 성적

Jokes

Q: What do you call the best student at Corn school?

옥수수 학교에서 최고의 학생은 뭐라고 할까요?

A: The "A"corn.

도토리입니다.

*corn 앞에 A를 붙이면 도토리(acorn)가 된다.

In high school, you can't go out to lunch because it's not allowed whereas in college, you can't go out to lunch because you can't afford it.

고등학생 때는 점심 먹으러 나갈 수 없다. 교칙 위반이니까. 대학생 때는 점심 먹으러 나갈 수가 없다. 왜냐하면 돈이 없어서.

Unit
14 history 역사

☐ **remains** [riméinz]

리메인즈 유적, 유해, 유물

☐ **aggression** [əgréʃən]

어그레션 공격, 침략(invasion)

☐ **occupy** [ákjupài]

아큐파이 점령하다(capture)

☐ **collapse** [kəlǽps]

컬렙스 멸망(fall)

관련 단어

☐ **period** [píːəriəd] 피어리어드 시대(era, age)

☐ **the ancient times** 디 에인션트 타임즈 고대

☐ **the Middle Ages** 더 미들 에이쥐즈 중세

☐ **the modern times** 더 모던타임즈 근대

☐ **the present times** 더 프레전 타임즈 현대

1 수

2 인간

3 가정

4 사회

5 교통

6 업무

7 쇼핑

8 스포츠/취미

9 자연

☐ **civilization** [sìvəlizéiʃən] 시벌리제이션 문명

The liberty of the individual is no gift of civilization.
개인의 자유는 문명의 선물이 아니다.

☐ **culture** [kʌ́ltʃər] 컬쳐 문화

☐ **development** [divéləpmənt] 디벨럽먼트 발전

☐ **barbarous** [bá:rbərəs] 바버러스 야만적인(savage)

☐ **war** [wɔ:r] 워 전쟁(warfare)

☐ **unexpectedly** [ənikspéktidli] 언익스펙티들리 뜻밖에, 예상외로

A lot of wars occurred unexpectedly.
많은 전쟁이 예상치 못하게 발생했다.

☐ **the 2nd World War** 더세컨 월드워 제2차 세계대전

☐ **prewar** [priwɔ́r] 프리워 전쟁 전의 (↔ postwar 전쟁 후의)

☐ **battle** [bǽtl] 배틀 전투(combat)

☐ **alliance** [əláiəns] 얼라이언스 동맹, 연합

☐ **big power** 빅 파워 강대국

☐ **superpower** [sjú:pərpàuər] 수퍼파워 초강대국

☐ **weak nation** 윅 네이션 약소국

☐ **colony** [káləni] 칼러니 식민지

☐ **intervene** [ìntərví:n] 인터빈 끼어들다, 간섭하다(interfere)

☐ **noninterference** [nùnintərfíərəns] 난인터피어런스 불간섭

☐ **foe** [fou] 포우 적군(enemy)

☐ **hostility** [hastíləti] 하스틸리티 적개심(antagonism)

1 수

2 인간

3 가정

4 사회

5 교통

6 업무

7 쇼핑

8 스포츠/취미

9 자연

□ **force** [fɔːrs] 포스 세력(power)

□ **imbalance** [imbǽləns] 임밸런스 불균형(unbalance)

□ **friendly** [fréndli] 프렌들리 우호적인(↔ hostile 적대적인)

□ **food supplies** 푸드 서플라이즈 식량 보급

□ **expand one's influence** 익스팬드 원스 인플루언스 세력을 확장하다

□ **disarm** [disáːrm] 디삼 무장 해제하다

□ **discover** [diskʌ́vər] 디스커버 발견하다(find)

America had often been discovered before Columbus.
콜럼버스 이전에 아메리카는 여러번 발견되었다.

□ **advance** [ædvǽns] 엇밴스 전진하다(proceed ↔ retreat 후퇴하다)

□ **rise and fall** 라이즈 앤폴 흥망, 부침

□ **decline** [dikláin] 디클라인 쇠퇴하다(sink)

□ **period of transition** 피리어드업 추랜지션 과도기

□ **heyday** [héidèi] 헤이데이 전성기(glory days)

□ **glory** [glɔ́ːri] 글로리 영광, 영예(↔ shame 수치)

□ **fame** [feim] 페임 명성(reputation)

□ **disgrace** [disgréis] 디스그레이스 불명예, 굴욕(dishonor)

□ **uprising** [ʌ́pràiziŋ] 업라이징 봉기, 반란(insurrection)

Which province caused an uprising?
어느 지역에서 봉기가 일어났나요?

□ **inhumane** [ìnhjuːméin] 인휴메인 무자비한, 잔인한(cruel, brutal)

□ **eliminate** [ilímənèit] 일리미네잇 없애다, 제거하다(remove)

173

☐ **massacre** [mǽsəkər] 매서커 학살하다, 죽이다(slaughter, butcher)

☐ **nonviolence** [nanváiələns] 난봐이얼런스 비폭력

☐ **infamous** [ínfəməs] 인퍼머스 악명 높은, 불명예스러운(notorious)

☐ **master** [mǽstər] 매스터 주인(여주인 mastress)

☐ **manservant** [mǽns3:rvənt] 맨서번트 하인(하녀 maidservant)

☐ **obedient** [oubíːdiənt] 오우비디언트 순종적인, 유순한(docile)

☐ **slave** [sleiv] 슬레입 노예, 종

☐ **slavery** [sléivəri] 슬레이버리 노예 상태(bondage)

☐ **maltreat** [mæltríːt] 맬트릿 학대하다, 냉대하다
The master maltreated his slaves.
주인은 자기 노예들을 학대했다.

☐ **disengage** [dìsengéidʒ] 디센게이쥐 해방하다, 풀다

☐ **independence** [ìndipéndəns] 인디펜던스 독립, 자립

☐ **enactment of a constitution** 인엑트먼트 어버 컨스티투션
헌법 제정

☐ **the French Revolution** 더프렌치 레볼루션 프랑스 대혁명

☐ **the Declaration of Human Rights**
더디클러레이션업 휴먼라이츠 인권선언

174

1 수

2 인간

3 가정

4 사회

5 교통

6 업무

7 쇼핑

8 스포츠/취미

9 자연

Unit

15 nation 국가

□ **election** [ilékʃən]

일렉션 선거

□ **democracy** [dimάkrəsi]

디마크러시 민주주의

□ **dictator** [díkteitər] 딕테이터

독재자(autocrat, tyrant)

□ **National Assembly**

내셔널 어셈블리 국회(미국은 Congress)

□ **the press** [pres] 더프레스

언론(the media)

□ **revolt** [rivóult] 리보울트

반란(rebellion, uprising)

175

- **monarchy** [mánərki] 마너키 왕정

- **kingdom** [kíŋdəm] 킹덤 왕국(empire)

- **president** [prézədənt] 프레지던트 대통령

- **absolute** [ǽbsəlùːt] 앱설룻 절대적인(↔ relative 상대적인)

- **emperor** [émpərər] 엠퍼러 황제(empress 여왕)

- **prince** [prins] 프린스 왕자(princess 공주)

- **rule** [ruːl] 룰 지배하다, 통치하다(dominate)

- **loyalty** [lɔ́iəlti] 로이얼티 충성, 성실(fidelity)
  Loyalty and devotion lead to bravery.
  충성심과 헌신은 용맹으로 이끈다.

- **equality** [ikwάləti] 이콸러티 평등(↔ inequality 불평등)

- **suppression** [səpréʃən] 서프레션 억압, 진압(repression)

- **prime minister** 프라임 미니스터 수상

- **member of the National Assembly**
  멤버럽더 내셔널 어셈블리 국회의원

- **minister** [mínəstər] 미니스터 장관(secretary)

- **administration** [ədmìnistréiʃən] 얻미니스트레이션 행정부, 정권
  Trump administration hits Iran with new economic sanctions.
  트럼프 정권은 새로운 경제 제재조치로 이란을 공격한다.

- **legislature** [lédʒislèitʃər] 레지스레이춰 입법부

- **judiciary** [dʒuːdíʃièri] 주디쉬에리 사법부

- **prosecution** [prὰsikjúːʃən] 프라시큐션 검찰

1 수

2 인간

3 가정

4 사회

5 교통

6 업무

7 쇼핑

8 스포츠/취미

9 자연

□ **mayor** [méiər] 메이어 시장(市長)

□ **governor** [gʌ́vərnər] 거버너 도지사, 주지사

□ **government** [gʌ́vərnmənt] 거번민트 정부

□ **civil servant** 시빌 서번트 공무원(public official)

□ **citizen** [sítəzən] 시티즌 시민, 국민(nation)

□ **political party** 폴리티컬 파티 정당

□ **the ruling party** 더룰링 파티 여당

□ **the opposition party** 디어포지션 파티 야당
The government tried to suppress all opposition parties.
정부는 모든 야당을 탄압하려고 했다.

□ **cast a vote** 캐스터 보웃 투표하다

□ **support** [səpɔ́ːrt] 서폿 지지하다(advocate)

□ **vote for** 보웃풔 찬성 투표하다(↔ vote against 반대 투표하다)

□ **public opinion** 퍼블릭 오피니언 여론(general opinion)

□ **majority** [mədʒɔ́ːrəti] 머조리티 다수, 과반수(↔ minority 소수)

□ **major** [méidʒər] 메이쥐 다수의, 주된(↔ minor 소수의)

□ **opinion poll** 오피니언 폴 여론조사

□ **mediamorphosis** [mìːdiəmɔ́ːrfəsis] 미디어모포시스
왜곡 보도, 사실 왜곡

□ **allow** [əláu] 얼라우 허락하다(↔ forbid 금지하다)

□ **resist** [rizíst] 리지스트 반항하다(↔ surrender 굴복하다)

177

police station 경찰서

□ **police officer**

[pəlíːs ɔ̀(ː)fisər] 폴리스어피서

경찰관(policeman)

□ **arrest** [ərést] 어레스트

체포, 체포하다(↔ release 석방하다)

□ **handgun**

[hǽndgən]

핸건 권총(pistol)

□ **assault** [əsɔ́ːlt]

어쏠트 폭행(attack)

□ **victim** [víktim]

빅팀 피해자

□ **thief** [θiːf] 씨프

도둑(burglar)

□ **evidence** [évidəns] 에비던스 증거

They made a false evidence.

그들은 가짜 증거를 만들어 냈다.

1 수

2 인간

3 가정

4 사회

5 교통

6 의무

7 쇼핑

8 스포츠/취미

9 자연

관련 단어

□ **pickpocket** [píkpɔ̀kit] 픽포켓 소매치기

□ **robber** [rábə:r] 라버 강도

□ **detective** [ditéktiv] 디텍티브 형사

□ **patrol car** 퍼트로울 카 순찰차

□ **handcuffs** [hǽndkʌ̀fs] 핸드커프스 수갑

□ **police box** 펄리스박스 파출소

□ **incident** [ínsədənt] 인시던트 사건(case), 분쟁

□ **accident** [ǽksidənt] 액시던트 사고

□ **reason** [ríːzn] 리즌 원인, 이유(cause)

□ **inquiry** [inkwáiəri] 인콰이어리 조사, 질문(investigation)

□ **deny** [dinái] 디나이 부인하다, 반박하다(contradict)
There is no way to deny that.
그것을 부정할 수는 없다.

□ **witness** [wítnis] 위트니스 목격자

□ **suspect** [səspékt] 서스펙트 용의자

□ **innocent** [ínəsənt] 이너슨트 무죄의(↔ guilty 유죄의)

□ **truth** [truːθ] 추루스 진실(↔ lie 거짓)

□ **true** [truː] 추루 진실된(↔ false 거짓의)

□ **liar** [láiər] 라이어 거짓말쟁이

□ **crime** [kraim] 크라임 범죄(offence)

□ **anticrime** [ǽntikráim] 앤티크라임 방범의, 범죄 수사의

□ **misconduct** [miskándəkt] 미스칸덕트 비리, 부정행위, 직권남용

□ **illegal** [ilí:gəl] 일리걸 불법의, 범법의(↔ lawful 합법의)

Police misconduct refers to illegal actions taken by police officers.
경찰 비리란 경찰관이 저지른 불법행위를 말한다.

□ **murder** [mə́:rdər] 머더 살인, 살해(killing)

□ **kidnap** [kídnæp] 킷냅 납치하다, 유괴하다(abduct)

□ **rape** [reip] 레입 강간, 성폭행(sexual abuse)

□ **fraud** [frɔːd] 프로드 사기

□ **swindler** [swíndlər] 스윈들러 사기꾼

□ **bribery** [bráibəri] 브라이버리 뇌물

□ **defamation** [dèfəméiʃən] 데퍼메이션 명예훼손

□ **disclose** [disklóuz] 디스클로우즈 폭로하다, 드러내다

□ **acquaintance** [əkwéintəns] 어퀘인턴스 지인(↔ stranger 모르는 사람)

□ **punishment** [pʌ́niʃmənt] 퍼니쉬먼트 처벌(↔ reward 포상)

□ **steal** [sti:l] 스틸 훔치다(rob)

□ **theft** [θeft] 세프트 절도(burglary)

□ **report to the police** 리폿 투더 펄리스 경찰에 신고하다

□ **accuse** [əkjúːz] 어큐즈 고소하다, 고발하다(sue)

□ **distrust** [distrʌ́st] 디스추러스트 불신, 의혹

□ **injustice** [indʒʌ́stis] 인저스티스 불법, 불공정

□ **false accusation** [~ ækjuzéiʃən] 폴스 어큐제이션 누명, 억울한 죄명

□ **unjust** [ənʤʌ́st] 언저스트 부당한, 부정한

The policeman was punished for an unjust violence.
경찰관은 부당한 폭력을 저질러 처벌 받았다.

□ **scold** [skould] 스코울드 꾸짖다(↔ praise 칭찬하다)

□ **reveal** [rivíːl] 리빌 밝히다(↔ conceal 숨기다)

□ **impartial** [impɑ́ːrʃəl] 임파셜 공정한

☐ **consumer** [kənsúːmər]

컨수머 소비자(buyer)

☐ **price increase**

프라이스 인크리즈 가격 인상

☐ **collection of money**

컬렉션 업머니 수금

☐ **agency** [éidʒənsi]

에이전시 대리점

☐ **product development**

프러덕트 디벨롭먼트 제품개발

1 수

2 인간

3 가정

4 사회

5 교통

6 업무

7 쇼핑

8 스포츠취미

9 자연

□ **market research** 마켓리서치
시장조사(survey)

Market research is an organized effort
to gather information about target
markets or customers.
시장조사란 목표하는 시장과 고객에 관한 정보를 수집
하는 체계적인 노력이다.

관련 단어

□ **develop** [divéləp] 디벨롭 개발하다(improve)

□ **quality** [kwáləti] 콸러티 품질(↔ quantity 수량)

□ **maximum** [mǽksəməm] 맥시멈 최고치, 최대의(↔ minimum 최소의)

□ **malfunction** [mælfʌ́ŋkʃən] 맬펑션 기능 불량

□ **customer** [kʌ́stəmər] 커스터머 거래처(client)

□ **marketing** [má:rkitiŋ] 마키팅 마케팅

□ **business** [bíznis] 비즈니스 사업(enterprise)

□ **e-commerce** [í:kàmərs] 이-카머스 전자상거래
E-commerce is considered the buying and selling of products
over the internet.
전자상거래는 인터넷을 통한 구매와 판매라고 간주된다.

□ **a copy of a contract** 어카피 어버 컨추랙트 계약서 사본

□ **category of business** 캐터고리업 비즈니스 업종

□ **wholesaler** [houlsèilər] 호울세일러 도매업자

□ **retailer** [rí:teilər] 리테일러 소매업자

□ **business office** 비즈니스 오피스 영업소

□ **RRP** 알알피 권장 소비자 가격(recommended retail price)

□ **break-even point** 브레익이븐 포인트 손익분기점

□ **market share** 마켓쉐어 시장점유율

□ **incorrect** [ìnkərékt] 인커렉트 부정확한, 틀린

□ **incredible** [inkrédəbl] 인크레더블 믿어지지 않는(unbelievable)

□ **in business** 인비즈니스 영업중인(↔ out of business 폐업하여 문닫은)

Unit

18 economy 경제

1 수

2 인간

3 가정

4 사회

5 교통

6 업무

7 쇼핑

8 스포츠/취미

9 자연

□ **enterprise** [éntərpràiz]

엔터프라이즈 기업(business)

□ **stock** [stak] 스탁 주식

□ **sudden rise** 서든라이즈

급등(jump)

□ **crush** [krʌʃ] 크러쉬

급락(slump)

□ **purchase** [pə́ːrtʃəs]

퍼처스 구매하다(buy)

□ **price** [prais] 프라이스

가격

□ **produce** [prədjúːs] 프로듀스

생산하다(make)

□ **producer** [prədjúːsər] 프로듀서

생산자(manufacturer)

☐ **bankruptcy** [bǽŋkrəptsi]
뱅크럽트시 파산(failure)

☐ **go bankrupt** 고우뱅크럽트 파산하다

관련 단어

☐ **fortunately** [fɔ́ːrtʃənətli] 포추니틀리 다행히도(↔ unfortunately 불운하게도)
Fortunately, the price of my stocks moved up.
다행히도 내 주식 가격이 올랐다.

☐ **dynamic** [dainǽmik] 다이내믹 동적인(↔ static 정적인)

☐ **extreme** [ikstríːm] 익스트림 극단적인(↔ moderate 온건한)

☐ **deal** [diːl] 딜 거래(trade)

☐ **trend** [trend] 트렌드 경향

☐ **profit** [práfit] 프라핏 이익(gain, benefit)

☐ **capital** [kǽpətl] 캐피털 자본

☐ **asset** [ǽset] 애셋 자산(property, estate)
For most, the largest asset is their home.
대부분의 경우 가장 큰 자산은 자택이다.

☐ **real estate** 리얼 에스테잇 부동산

☐ **tax** [teks] 텍스 세금(duty) tax boost 증세

☐ **economic stimulus** 이커나믹 스티뮬러스 경기 부양

☐ **economic recovery** 이커나믹 리커버리 경기 회복

☐ **market** [máːrkit] 마킷 시장

☐ **unemployment rate** 언엠플로이먼트 레잇 실업률

1 수

2 인간

3 가정

4 사회

5 교통

6 업무

7 쇼핑

8 스포츠/취미

9 자연

□ **inflation** [infléiʃən] 인플레이션 인플레이션, 통화팽창, 물가상승

□ **depression** [dipréʃən] 디프레션 불황(recession)

□ **economic boom** 이커나믹 붐 호황, 호경기

□ **exchange rate** 익스체인지 레잇 환율

□ **devaluate** [di:vǽljuèit] 디밸류에잇 가치를 떨어뜨리다

□ **surplus** [sɔ́:rplʌs] 서플러스 흑자

Japan's trade surplus soared to a record high.
일본의 무역 흑자는 사상 최고치에 도달했다.

□ **deficit** [défəsit] 데퍼싯 적자

□ **big business** 빅비즈니스 대기업(large company)

□ **subsidiary** [səbsídièri] 섭시디에리 자회사

□ **disposal** [dispóuzəl] 디스포우절 매각(sellout)

□ **take over** 테익오버 인수하다(undertake)

□ **monopoly** [mənápəli] 머나펄리 독점

□ **merger** [mɔ́:rdʒər] 머줘 흡수합병

□ **receivership** [risívərʃip] 리시버쉽 법정관리

Good words

"It's far better to buy a wonderful company at a fair price than a fair company at a wonderful price." -Warren Buffett-

괜찮은 회사 주식을 놀라운 가격에 사는 것보다 놀라운 회사 주식을 괜찮은 가격에 매수하는 것이 훨씬 좋다. -워런 버핏-

19 trade 무역

□ **contract** [kántrækt]

컨추랙트 계약하다

□ **shipment** [ʃípmənt]

쉽먼트 선적

□ **transportation**

[trænspɔrtéiʃən] 추렌스포테이션 운송

□ **claim** [kleim] 클레임 클레임

관련 단어

□ **irreversible** [ìrivə́:rsəbl] 이리버서블

취소할 수 없는, 돌이킬 수 없는(irrevocable)

This contract is irreversible, that is, unable to cancel.
이 계약은 불가역적, 즉 취소할 수 없다.

□ **estimate** [éstəmèit] 에스티메잇 견적(quotation)

□ **freight** [freit] 프레이트 운송화물

□ **date of delivery** 데잇업 딜리버리 배송 납기

□ **carry** [kǽri] 캐리 운반하다(transport)

□ **transportation by air** 추랜스포테이션 바이에어 항공수송

□ **transportation by sea** 추랜스포테이션 바이씨 해상수송

□ **transportation by land** 추랜스포테이션 바이랜드 육상수송

□ **security** [sikjúərəti] 씨큐리티 담보(collateral), 보증, 안심
It was impossible to loan money to poor people without financial security.
재정적 담보없이 빈곤 계층에게 돈을 빌려주는 것은 불가능했다.

□ **irresistible force** 이리지스터블 포스 불가항력

□ **compensation for damages** 컴펜세이션 풔대미쥐즈 손해배상

□ **deposit** [dipázit] 데퍼짓 선금(down payment)

□ **deputy** [dépjuti] 데퍼티 대리인(agent)

□ **exclusive contract** 익스클루십 컨추랙트 독점계약

□ **make payment** 메익 페이먼트 결제하다

□ **expiration** [èkspəréiʃən] 엑스퍼레이션 만기, 종료(end)

□ **fair trade** 페어 추레이드 공정무역

□ **invoice** [ínvɔis] 인보이스 송장, 청구서

□ **customs** [kʌ́stəmz] 커스텀즈 관세(tariff)

□ **custom tariff** 커스텀 태립 관세율(tariff rate)

□ **customs clearance** 커스텀즈 클리어런스 통관 절차

1 수

2 인간

3 가정

4 사회

5 교통

6 업무

7 쇼핑

8 스포츠/취미

9 자연

☐ **country of origin** 컨추리 업오리진 원산지

☐ **distributor** [distríbjutər] 디스트리뷰터 유통업자

☐ **subcontractor** [sʌbkántræktər] 섭칸추랙터 하청업자
Subcontractor is a person or company that does part of a job that another company is responsible for.
하청업자란 다른 업체가 맡은 업무의 일부를 떠맡은 사람이나 기업이다.

☐ **exporter** [ikspɔ́:rtər] 엑스포터 수출업자(↔ importer 수입업자)

☐ **native** [néitiv] 네이팁 자국의(↔ foreign 외국의)

☐ **imported goods** 임포팃 굿즈 수입품

☐ **defective product** 디펙팁 프러덕트 불량품
We have to sort out defective products.
우리는 불량품을 골라내야 한다.

☐ **repayment** [ripéimənt] 리페이먼트 상환, 갚음

☐ **insurance benefit** 인슈어런스 베네핏 보험금

☐ **demand** [dimǽnd] 디멘드 요구, 수요(↔ supply 공급)

1 수

2 인간

3 가정

4 사회

5 교통

6 업무

7 쇼핑

8 스포츠/취미

9 자연

Unit

20 bank 은행

☐ **note** [nout]

노우트 지폐(bill)

☐ **coin** [kɔin]

코인 동전

☐ **check** [tʃek]

체크 수표

☐ **credit card**

[krédit ka:rd] 크레딧카드

신용카드

☐ **bankbook**

[bǽŋkbùk] 뱅크북

통장(영국 passbook)

☐ **amount**

[əmáunt]

어마운트 액수

☐ **window** [wíndou]

윈도우 창구

☐ **security guard**

[sikjúəriti ga:rd] 시큐리티가드 경비원

☐ **main bank** 메인뱅크 주거래은행

☐ **counterfeit bill** [káuntərfit ~] 카운터피트빌 위조지폐(fake note)

☐ **balance** [bǽləns] 밸런스 잔액

☐ **deposit** [dipázit] 디파짓 예금하다

☐ **time deposit** 타임 디파짓 정기예금

☐ **withdraw** [wiðdrɔ́ː] 위드로 인출하다, 출금하다

☐ **remit money** 리밋머니 송금하다(send money)
I hope you will remit him the money.
부탁하건대 그에게 돈을 보내주길 바랍니다.

☐ **teller** [télər] 텔러 은행 직원(bank clerk)

☐ **bank officer** [bæŋk ɔ́ːfisər] 뱅크 오피서 (대출 등) 상담직원

☐ **banker** [bǽŋkər] 뱅커 은행 고위직 임원

☐ **customer** [kʌ́stəmər] 커스터머 고객

☐ **bank charge** [bæŋk tʃɑːrdʒ] 뱅크차지 은행 수수료

☐ **account number** 어카운트 넘버 계좌번호

☐ **pin number** 핀넘버 비밀번호(personal identification number)
I forgot my pin number for the account.
그 계정 비밀번호를 잊어버렸어요.

☐ **ATM card** [eitiːem kɑːrd] 에이티엠카드 직불카드

☐ **ATM(machine)** [eitiːem(məʃíːn)] 에이티엠 현금 인출기(cash machine)

☐ **keypad** [kíːpæ̀d] 키팻 자판

☐ **card slot** [kɑːrd slɔt] 카드 슬롯 카드 삽입구

1 수

2 인간

3 가정

4 사회

5 교통

6 업무

7 쇼핑

8 스포츠/취미

9 지역

□ **cash** [kæʃ] 캐쉬 현금

□ **dishonored check** 디스아너드 첵 부도수표

□ **debt** [det] 데트 부채, 빚

□ **creditor** [kréditər] 크레디터 채권자(↔ debtor 채무자)

□ **open a bank account** 오픈 어뱅크 어카운트 계좌를 열다

□ **close a bank account** 클로우즈 어뱅크 어카운트 계좌를 끝내다

□ **financing** [fainǽnsiŋ] 화이낸싱 융자(loan)

□ **lend** [lend] 렌드 빌려주다(↔ borrow 빌리다)

□ **pay off** 페이옵 청산하다(liquidate)
I managed to pay off my debts.
나는 간신히 빚을 다 갚았다.

□ **direct debit** [dairékt débit] 다이렉트데빗 자동납부

□ **leaflet** [líːflit] 리플릿 전단지

□ **monthly statement** 먼쓸리 스테이트먼트
매월 납부통지서(세금, 전기세 등)

□ **make a payment** 메이커 페이먼트 납부하다

□ **payment** [péimənt] 페이먼트 납부, 지불

□ **savings** [séiviŋz] 세이빙즈 저축

□ **signature** [sígnətʃər] 식너춰 서명

□ **principal** [prínsəpəl] 프린서플 원금

□ **interest** [íntərəst] 인터레슷 이자, 이율

□ **miser** [máizər] 마이저 구두쇠

☐ **wealthy** [wélθi] 웰씨 부유한, 잘나가는(well off ↔ badly off 가난한)

He was poor, but he is well off now.
그는 가난했었지만 지금은 잘 산다.

☐ **become penniless** 비컴 페닐리스 무일푼이 되다

1 수

2 인간

3 가정

4 사회

5 교통

6 업무

7 쇼핑

8 스포츠/취미

9 직업

Unit

21 society 사회

☐ **crowd** [kraud] 크라우드 군중(mob, throng)

☐ **rally** [ræli] 랠리 집회

☐ **multicultural society** [məltikʌ́ltʃərəl ~]
멀티컬추럴 소사이어티 다문화사회

South Korea advances toward
a multicultural society.
한국은 다문화사회로 진행중이다.

☐ **racial discrimination** [~ diskrìmənéiʃən]
레이셜 디스크리미네이션 인종차별

☐ **poverty** [pávərti] 파버티
빈곤(misery ↔ richness 부유함)

☐ **polarization**
[pòulərizéiʃən] 포울러리제이션 양극화

195

☐ **foreign worker** 포린워커 외국인 노동자

☐ **pathetic** [pəθétik] 퍼세틱 애처로운, 가엾은(↔ apathetic 냉담한, 무관심한)

☐ **pity** [píti] 피티 동정, 불쌍히 여김(compassion)

☐ **social inequality** 소셜 인이퀄리티 사회적 불평등

☐ **abuse** [əbjúːz] 어뷰즈 학대(maltreatment)

☐ **verbal violence** 붜벌 봐이얼런스 언어 폭력

☐ **inevitable** [inévətəbl] 인에비터블 피할 수 없는(unavoidable)
Nobody can be completely ready for the inevitable crises.
불가피한 위기에 대해 완벽하게 준비할 수 있는 사람은 없다.

☐ **dispute** [dispjúːt] 디스퓨트 분쟁(conflict)

☐ **disorder** [disɔ́ːrdər] 디소더 무질서(chaos), 장애, 고장

☐ **the public** [pʌ́blik] 퍼블릭 대중

☐ **subsidy** [sʌ́bsədi] 섭서디 보조금

☐ **nonprofit** [nanprɑ́fət] 넌프라핏 비영리의, 이익이 없는

☐ **birth rate** 버쓰 레잇 출생률

☐ **increase** [inkríːs] 인크리스 증가하다, 늘리다(↔ decrease 감소하다)

☐ **diminish** [dimíniʃ] 디미니쉬 줄이다(reduce)

☐ **decline in population** 디클라인 인파퓰레이션 인구 감소

☐ **conservative** [kənsɔ́ːrvətiv] 컨서버팁 보수적인(↔ progressive 진보적인)

☐ **public** [pʌ́blik] 퍼블릭 공적인(↔ private 사적인)

☐ **the poor strata** 더푸어 스트레이터 빈곤층

196

1 수

2 인간

3 가정

4 사회

5 교통

6 업무

7 쇼핑

8 스포츠/취미

9 자연

□ **famine** [fémin] 훼민 기아(starvation)

□ **the middle class** 더미들 클래스 중산층

□ **the upper class** 디어퍼 클래스 상류층

□ **corruption** [kərʌ́pʃən] 커럽션 부패, 타락(decay)
Corruption is just another form of tyranny.
부패는 그저 독재의 다른 형태이다.

□ **demoralize** [dimɔ́ːrəlàiz] 디모럴라이즈 타락시키다

□ **immoral** [imɔ́ːrəl] 이모럴 부도덕한(corrupt)

□ **antisocial** [æntisóuʃəl] 앤티소우셜 반사회적인, 비사교적인

□ **antipathy** [æntípəθi] 앤티퍼씨 반감(↔ goodwill 호감)

□ **dissatisfy** [dissǽtisfài] 디새티스파이 불만을 품게 하다

□ **unsatisfactory** [ənsətisfǽktəri] 언새티스팩터리 불만족스러운, 불충분한

□ **satisfaction** [sætisfǽkʃən] 새티스팩션 만족(content)

□ **sexual discrimination** 섹수얼 디스크리미네이션 성차별(sexism)

□ **unequal** [əníkwəl] 언이퀄 불평등한(unfair)
We live in a very unequal society.
우리는 아주 불평등한 사회에서 살고 있다.

□ **suicide** [sjúːəsàid] 수어사이드 자살

□ **encourage** [inkə́ːridʒ] 인커리쥐 용기를 주다(↔ discourage 낙담시키다)

□ **nonofficial** [nànəfíʃəl] 난어퓌셜 비공식적인

□ **illegal stay** [ilíːgəl ~] 일리걸 스테이 불법 체류

□ **immigrate** [íməgrèit] 이머그레잇 이민 오다(↔ emigrate 이민 가다)

□ **Buddhism** [bú:dizm]

부디즘 불교

□ **Buddhist temple**

[~ témpəl] 부디스트 템플 절, 사찰

□ **Catholicism**

[kəθáləsìzəm] 커살러시즘 천주교

□ **Catholic church**

캐서릭 처취 성당

□ **church** [tʃə:rtʃ] 처취 교회

□ **Christianity** [krìstʃiǽnəti]

크리스티애너티 기독교

In Britain, Christianity is dying.
영국에서 기독교는 죽어가고 있다.

1 수

2 인간

3 가정

4 사회

5 교통

6 업무

7 쇼핑

8 스포츠/취미

9 자연

관련 단어

☐ **Buddhist** [búːdist] 부디스트 불교도

☐ **Buddha** [búːdə] 부더 부처, 석가

☐ **Buddhist scriptures** 부디스트 스크립춰즈 불경

☐ **statue of the Buddha** 스태추 업더 부더 불상

☐ **Buddhist monk** 부디스트 멍크 스님, 승려

☐ **Christian** [krístʃən] 크리스천 기독교인

☐ **Catholic** [kǽθəlik] 캐설릭 천주교인

☐ **nun** [nʌn] 넌 수녀(sister)

☐ **priest** [priːst] 프리스트 신부(神父)

☐ **monastery** [mánəstèri] 마너스테리 수도원(남자)

☐ **abbey** [ǽbi] 애비 수도원(여자)

☐ **Madonna** [mədánə] 머다너 성모마리아, 성모상

☐ **Islam** [ísləm] 이슬럼 이슬람교

☐ **Muslim** [mʌ́zləm] 머즐럼 이슬람 교도

☐ **Allah** [ǽlə] 앨러 알라신

☐ **mosque** [mask] 마스크 이슬람사원

☐ **mercy** [mə́ːrsi] 머시 자비(↔ cruelty 잔인)

Sweet mercy is nobility's true badge.
친절한 자비심은 고귀한 사람의 참된 증표이다.

☐ **noble** [nóubl] 노우블 고상한(↔ humble 비천한, 겸손한)

☐ **forgive** [fərgív] 퍼깁 용서하다(pardon ↔ punish 처벌하다)

☐ **moral** [mɔ́ːrəl] 모럴 도덕, 도덕적인(ethical, righteous)

☐ **Jesus** [dʒíːzəs] 쥐저스 예수(Christ, Lord), 아이고!

☐ **the one and only God** 디 원 앤 온리 갓 유일신

☐ **believer** [bilíːvər] 빌리버 신자

☐ **worship** [wɔ́ːrʃip] 워쉽 예배, 숭배

☐ **cross** [krɔːs] 크로스 십자가

☐ **minister** [mínəstər] 미니스터 목사, 성직자

☐ **missionary** [míʃənèri] 미셔너리 선교사

☐ **the Bible** [báibl] 바이블 성경

☐ **hymn** [him] 힘 찬송가(psalm)

☐ **salvation** [sælvéiʃən] 샐베이션 구원(redemption)
Our only salvation is in knowledge, in learning.
우리의 유일한 구원은 지식과 배움에 있다.

☐ **prayer** [prɛər] 프레어 기도

☐ **belief** [bilíːf] 빌리프 믿음(faith)

☐ **pious** [páiəs] 파이어스 독실한(religious), 신앙심이 깊은

☐ **disbelief** [dìsbilíːf] 디스빌립 불신, 의혹, 불신앙(doubt)

☐ **sacred** [séikrid] 세이크리드 신성한(holy)

☐ **soul** [soul] 소울 영혼(↔ body 육체)

☐ **spiritual** [spíritʃuəl] 스피리추얼 영혼의(↔ physical 신체의)

☐ **heaven** [hévən] 헤븐 천국, 낙원(paradise)

☐ **goddess** [gádis] 가디스 여신

☐ **hell** [hel] 헬 지옥

□ **Satan** [séitn] 세이턴 사탄, 악마

□ **this life** 디스라입 이승(this world)

□ **afterlife** 앱터라입 저승(otherworld)

□ **atheism** [éiθiìzm] 에이씨이즘 무신론

□ **atheist** [éiθiist] 에이씨이스트 무신론자
I'm an atheist and I thank God for it.
내가 무신론자라는 것에 대해 신에게 감사한다.

□ **solifidian** [sὰləfídiən] 살러피디언 유신론자

□ **supernatural** [sùpərnǽtʃərəl] 수퍼내추럴 초자연적인

□ **invisible** [invízəbl] 인비저블 안 보이는, 감춰진

□ **intangible** [intǽndʒəbl] 인탠저블 만질 수 없는, 형체가 없는

□ **nonexistence** [nὰnigzístəns] 넌익지스턴스 존재하지 않음, 무(無)

Self Test 연 습 문 제

1 다음 그림을 영단어와 맞게 연결하세요.

·　　　·　　　·　　　·　　　·

·　　　·　　　·　　　·　　　·
stamp　　injection　　thermometer　　ointment　　pill

2 다음 영단어를 해석하시오.

a) factory _____　　library _____

　　band-aid _____　　crosswalk _____

b) nurse _____　　patient _____

　　dentist _____　　operation _____

c) fever _____　　sneeze _____

　　cough _____　　cold _____

d) account number _____　　withdraw _____

　　pin number _____　　signature _____

3 다음 빈 칸에 들어갈 단어는 무엇인가요?

a) I _____ a doughnut.　나는 도넛을 하나 먹었다.

b) I'd _____ eat this curry and rice.　나는 이 카레라이스를 먹겠어요.

c) Can I have _____ Americano?　아메리카노 큰 거 하나 주실래요?

d) She _____ with a publisher.　그녀는 출판사에 취업했다.

4 다음 단어를 영단어와 연결시키시오.

공격	동맹	멸망	반란	왕정	충성
•	•	•	•	•	•

•	•	•	•	•	•
loyalty	revolt	monarchy	aggression	alliance	collapse

5 다음 영단어의 의미를 써보세요.

a) thief _____   misconduct _____

   distrust _____   evidence _____

b) retailer _____   merger _____

   expiration _____   balance _____

c) pathetic _____   dispute _____

   corruption _____   diminish _____

d) abbey _____   forgive _____

   prayer _____   atheist _____

⋯ 정답

1 주사–injection 알약–pill 연고–ointment 우표–stamp 체온계–thermometer

2 a) 공장 – 도서관 – 1회용 반창고 – 횡단보도 b) 간호사 – 환자 – 치과의사 – 수술
   c) 열 – 재채기 – 기침 – 감기 d) 계좌번호 – 인출하다 – 비밀번호 – 서명

3 a) had b) like to c) a tall d) got a job

4 공격–aggression 동맹–alliance 멸망–collapse 반란–revolt
   왕정–monarchy 충성–loyalty

5 a) 도둑 – 비리 – 불신 – 증거 b) 소매업자 – 흡수합병 – 만기 – 잔액
   c) 애처로운 – 분쟁 – 부패 – 줄이다 d) 수도원 – 용서하다 – 기도 – 무신론자

Theme 5

transportation
교통

Unit

01 vehicles 탈것

□ **car** [kɑ:r] 카 자동차(vehicle)

□ **truck** [trʌk] 트럭 트럭

□ **convertible** [kənvə́:rtəbəl]

컨버터블 오픈카

□ **subway** [sʌ́bwèi] 섭웨이

지하철(영 the Underground)

□ **train** [trein] 트레인 열차

□ **bicycle** [báisikəl] 바이시클 자전거

Life is like riding a bicycle.
인생이란 자전거타기와 비슷하다.

□ **motorbike** [móutəːrbàik]

모터바이크 **오토바이**

□ **scooter** [skúːtəːr]

스쿠터 **스쿠터**

□ **airplane** [έərplèin]

에어플레인 **비행기**(aircraft)

I have an airplane ticket for Guam.

나는 괌으로 가는 항공권을 갖고 있다.

□ **glider** [gláidər]

글라이더 **경비행기**

□ **helicopter** [hélikὰptər]

헬리갑터 **헬리콥터**

□ **air-hot balloon**

[εər hɑt bəlúːn] 에어핫벌룬 **기구**

□ **yacht** [jɑt] 얏 **요트**

□ **ship** [ʃip] 쉽 **배**

1 수

2 인간

3 가정

4 사회

5 교통

6 업무

7 쇼핑

8 스포츠/취미

9 자연

□ **city bus** 시티버스 시내버스

□ **double-decker bus**

[dʌ́bəldékər bʌs] 더블데커 버스 **2층 버스**

□ **tourist bus** [túərist bʌs] 투어리스트 버스

관광버스

관련 단어

□ **high-speed train** [haispíːd trein] 하이스피드 트레인

고속철도(bullet train)

□ **ferry** [féri] 페리 연락선

There were a few passengers aboard the ferry.

연락선에 승객이 약간 타고 있었다.

02 bicycle 자전거

1 수

2 인간

3 가정

4 사회

5 교통

6 업무

7 쇼핑

8 스포츠/취미

9 자연

❶ **handlebar** [hǽndlbɑ̀ːr] 핸들바 핸들

❷ **brake lever** [breik lévəːr] 브레이크 레버 브레이크레버

❸ **saddle** [sǽdl] 새들 안장

❹ **chain** [tʃein] 체인 체인

❺ **pedal** [pédl] 페덜 페달

❻ **gears** [giərz] 기어즈 기어(톱니바퀴)

☐ **frame** [freim] 프레임 프레임

☐ **spoke** [spouk] 스포우크 바퀴살

☐ **hub** [hʌb] 헙 바퀴축

☐ **rim** [rim] 림 바퀴테(금속부분)

☐ **inner tube** [ínər tjuːb] 이너튜브 속튜브

☐ **tread** [tred] 트레드 타이어의 접지면

☐ **valve** [vælv] 밸브 공기 주입구

☐ **the front wheel** 더프런트 휠 앞바퀴

☐ **the rear wheel** 더 리어 휠 뒷바퀴

☐ **headlight** [hédlàit] 헷라잇 전조등

☐ **front brake** 프런트브레익 앞브레이크

☐ **rear brake** 리어브레익 뒷브레이크

☐ **mountain bike** [máuntən baik] 마운틴바이크 산악용 자전거

☐ **road bike** [roud baik] 로드바이크 일반 자전거

☐ **cycle lane** [sáikl lein] 사이클레인 자전거 전용도로

Jokes

Q: Why couldn't the bicycle stand up by itself?
자전거는 왜 홀로 서지 못할까?

A: It was two(too) tired! 바퀴가 두 개라서(너무 지쳐서).

*tired는 '지친'이라는 형용사지만 여기서는 '타이어로 된'이라는 이중 의미로
말장난이 된다.

Unit

03 motorcycle 오토바이

2 인간

3 가정

4 사회

5 교통

6 업무

7 쇼핑

8 스포츠/취미

9 자연

❶ **handlebars** [hǽndlbɑ̀ːrz] 핸들바즈 핸들

❷ **rear-view mirror** [riə:rvjuː mírər] 리어뷰 미러 후사경, 백미러

❸ **fuel tank** [fjúːəl tæŋk] 퓨얼탱크 연료탱크(gas tank)

❹ **seat** [siːt] 시트 안장, 시트

❺ **headlight** [hédlàit] 헤드라이트 헤드라이트

❻ **taillight** [téillàit] 테일라잇 미등

❼ **engine** [éndʒən] 엔진 엔진

The economy is the engine for our national security.
경제는 국가안보의 엔진이다.

❽ **tire** [taiə:r] 타이어 타이어

❾ **brake** [breik] 브레이크 브레이크

☐ **turn signal** 턴시그널 방향지시등

☐ **muffler** [mʌfləːr] 머플러 배기구, 마후라(exhaust pipe)

☐ **footrest** [fútrèst] 풋레스트 스텝

☐ **axle** [æksl] 엑설 바퀴의 축

☐ **fender** [féndər] 펜더 흙받이

☐ **carrier** [kæriər] 캐리어 짐받이

☐ **suspension** [səspénʃən] 서스펜션 완충장치

☐ **speedometer** [spiːdɑ́mitəːr] 스피도미터 속도계

☐ **fuel gauge** [fjúːəl geidʒ] 퓨얼게이지 연료계

☐ **helmet** [hélmit] 헬멧 헬멧

☐ **controls** [kəntróulz] 컨트롤즈 제어장치

☐ **repair** [ripéər] 리페어 수리하다, 고치다(fix)

☐ **motorbike** [móutərbaik] 모터바이크 오토바이

I learned to ride a motorbike when I was about eighteen.
열여덟 살쯤에 나는 오토바이 타는 걸 배웠다.

Jokes

Q: What do you call a laughing motorcycle?
웃는 오토바이는 무엇일까?

A: A Yamahahaha.
야마하하하

Unit

04 car 자동차

❶ **headlight** [hédlàit] 헤드라이트 헤드라이트 (headlamp)

❷ **turn signal** [tə́ːrn sìgnəl] 턴식널 깜빡이

❸ **tire** [taiər] 타이어 타이어

❹ **taillight** [téillàit] 테일라잇 미등, 후미등

❺ **hood** [hud] 후드 보닛

❻ **wiper** [wáipəːr] 와이퍼 창닦이

❼ **license plate** 라이선스 플레잇 번호판

❽ **side-view mirror** 사이드뷰 미러 사이드 미러

❾ **radiator grille** [réidièitər ~] 레디에이터그릴 라디에이터그릴

❿ **windshield** [wíndʃìːld] 윈드쉴드 방풍유리

1 수

2 인간

3 가정

4 사회

5 교통

6 업무

7 쇼핑

8 스포츠/취미

9 자연

❶ rear-view mirror 리어뷰 미러 백미러, 후사경

❷ steering wheel 스티어링 휠 운전대

❸ horn [hɔ:rn] 혼 경적

❹ brake pedal [bréik pèdl] 브레이크 페들 브레이크 페달

❺ parking brake 파킹 브레익 사이드 브레이크

❻ gearshift [gíərʃìft] 기어쉬프트 변속기어

❼ dashboard [dǽʃbɔ̀:rd] 대시보드 계기판

❽ speedometer [spi:dámitər] 스피도미터 속도계

❾ fuel gauge [fjú:əl geidʒ] 퓨얼게이지 **연료계**

❿ odometer [oudámitər] 오우도미터 주행기록계

⓫ accelerator [æksélərèitər] 엑셀러레이터 가속 페달

214

1 수

2 인간

3 가정

4 사회

5 교통

6 업무

7 쇼핑

8 스포츠/취미

9 지연

관련 단어

□ **indicator** [índikèitər] 인디케이터 깜빡이

□ **air bag** 에어백 에어백

□ **seat belt** 시트벨트 안전벨트
Please fasten your seat belt.
안전벨트를 매주세요.

□ **headrest** [hédrest] 헷레스트 머리받침

□ **emergency lights** [imə́ːrdʒənsi laits] 이머전시라잇 비상등

□ **satnav** [sǽtnæv] 샛넵 네비게이션, 위성항법장치(satellite navigation의 줄임말)

□ **back seat** 백싯 뒷좌석

□ **sun visor** 썬봐이저 차양판, 햇빛가리개

□ **driver's seat** 주라이버스 씻 운전석

□ **passenger seat** 패신저씻 조수석, 옆좌석

□ **repair shop** 리페어샵 카센터

□ **tow** [tou] 토우 끌다, 견인하다(drag)
My car was towed to a repair shop.
내 차는 카센터로 견인되었다.

□ **motor oil** 모터오일 엔진오일

□ **antifreeze** [ǽntifrìːz] 앤티프리즈 부동액

□ **defrost** [difrɔ́ːst] 디프로스트 서리를 제거하다

□ **coolant** [kúːlənt] 쿨런트 냉각수

□ **washer fluid** 와셔 플루잇 워셔액

□ **wrecker** [rékəːr] 레커 견인차

□ **maintenance** [méintənəns] 메인터넌스 (점검 보수하여)유지함, 관리
My mom said the only reason men are alive is for lawn care and vehicle maintenance.
어머니는, 남자들이 사는 유일한 이유는 잔디 관리와 자동차 관리를 위해서라고 하셨다.

□ **driver's license** [láisəns] 주라이버스 라이선스 운전면허증

□ **parking ticket** 파킹티킷 주차위반 딱지

□ **no parking** 노우파킹 주차금지

□ **parking violation** [~ vàiəléiʃən] 파킹바이얼레이션 주차위반

□ **drunk driving** 드렁크드라이빙 음주운전

□ **drink and drive** 드링크앤 드라입 음주 운전하다

□ **parking permit** 파킹 퍼밋 주차 허가증

□ **flat tire** 플랫타이어 타이어 펑크

□ **car wash** 카워쉬 세차

□ **diesel oil** 디젤오일 경유

□ **gasoline** 개설린 휘발유

□ **gas station** [gǽs stèiʃən] 개스테이션 주유소

1 수

2 인간

3 가정

4 사회

5 교통

6 업무

7 쇼핑

8 스포츠취미

9 자연

Unit

05 roads 도로

❶ **inside lane** [ínsaid léin] 인사이드 레인 1차선

❷ **middle lane** [mídl lein] 미들 레인 2차선

❸ **outside lane** [áutsáid lein]
아웃사이드 레인 3차선

☐ **crash barrier** [krǽʃ bǽriər]
크래쉬배리어 가드레일(guardrail)

☐ **tollgate** [tóulgèit]
토올게이트 도로요금 징수소

☐ **underpass** [ʌ́ndərpæ̀s]
언더패스 지하도

☐ **flyover** [fláiòuvəːr]
플라이오버 고가도로

217

□**one-way** [wʌ́nwéi]

원웨이 일방통행로

□**dirt road** [dəːrt roud]

덧로우드 비포장도로

□**alley** [ǽli] 엘리 골목

□**crossroad** [krɔ́sroud]

크로스로드 교차로, 사거리(crossway)

□**crosswalk** [krɔ́swɔ̀ːk]

크로스워크 횡단보도

□**sidewalk** [sáidwɔk]

사이드웍 보도, 인도

218

1 수

2 인간

3 가정

4 사회

5 교통

6 업무

7 쇼핑

8 스포츠/취미

9 자연

□**bus stop** 버스탑

버스 정류소

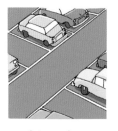

□**parking lot** 파킹랏

주차장(parking garage)

□**road sign** 로드사인

도로 표지판(traffic sign)

□**traffic signal** [træfik sìgnəl]

트래픽 시그널 교통 신호등

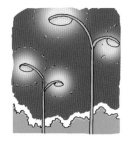

□**street light** [strí:t làit] 스트릿 라이트 가로등

The street lights went off at dawn.

가로등은 새벽에 꺼졌다.

☐ **hard shoulder** [háːrd ʃóuldəːr] 하드쇼울더 갓길

☐ **detour** [díːtuər] 디투어 우회도로
Failure is a detour, not a dead-end street.
실패는 막다른 길이 아니라 우회로다.

☐ **street tree** [stríːt triː] 스트릿트리 가로수

☐ **subway entrance** [~ éntrəns] 섭웨이 엔트런스 지하철 입구

☐ **placard** [plǽkɑːrd] 플래카드 플래카드

☐ **central reservation** [~ rèzəːrvéiʃən] 센트럴레저베이션
중앙 분리대(traffic island)

☐ **no entry** [~ éntri] 노우엔트리 진입 금지

☐ **speed limit** [spíːd lìmit] 스피드리밋 제한 속도

☐ **danger** [déindʒər] 데인저 위험(peril, hazard)

☐ **blacktop** [blǽktap] 블랙탑 아스팔트 도로

☐ **blind corner** 블라인드 코너 사각지대

☐ **direction** [dirékʃən] 디렉션 방향

☐ **cross** [krɔːs] 크로스 건너다

☐ **going straight** 고우잉 스트레잇 직진

☐ **left turn** 레프트턴 좌회전

☐ **right turn** 롸잇턴 우회전

☐ **U-turn** 유턴 유턴

☐ **reverse** [rivə́ːrs] 리버스 역주행; 거꾸로, 반대의

☐ **forward** [fɔ́ːrwərd] 포워드 앞으로, 장래(↔ backward 뒤로)

1 수

2 인간

3 가정

4 사회

5 교통

6 업무

7 쇼핑

8 스포츠/취미

9 자연

☐ **traffic jam** 추래픽잼 교통 체증

If I complain about a traffic jam, I have no one to blame but myself.

내가 교통체증을 불평한다면 나 자신 말고 달리 원망할 사람이 없다.

☐ **traffic accident** 추래픽 액시던트 교통사고

☐ **taxi stand** 택시스탠드 택시 타는 곳

☐ **vacant** [véikənt] 베이컨트 빈차

☐ **base fare** 베이스 페어 기본 요금

☐ **taxi fare** 택시페어 택시 요금

☐ **taximeter** [tǽksimì:tər] 택시미터 요금 미터기

☐ **Express Bus Terminal** 익스프레스 버스터미널 고속버스 터미널

☐ **noise** [nɔiz] 노이즈 소음, 소란(uproar)

☐ **noisy** [nɔ́izi] 노이지 시끄러운(↔ quiet 조용한)

☐ **urban** [ə́:rbən] 어번 도시의(↔ rural 시골의)

06 train 열차

□train station

추레인 스테이션 **열차역**

□waiting room

웨이팅룸 **대합실**

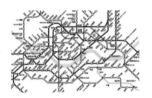

□route map 루트맵

노선도

□timetable [táimtèibl]

타임테이블 **시간표**

□information

[ìnfərméiʃən] 인포메이션 **안내소**

□ticket machine

티킷머신 **승차권 판매기**

1 수

2 인간

3 가정

4 사회

5 교통

6 업무

7 쇼핑

8 스포츠/취미

9 자연

□**automatic ticket barrier**

오토매틱 티킷배리어 자동 개찰구

□**exit** [éksit] 엑시트 출구

□**sleeping car** [slíːpiŋ ~]

슬리핑카 침대차

□**compartment**

[kəmpáːrtmənt] 컴파트먼트 객실

□**seat** [siːt] 시트 좌석

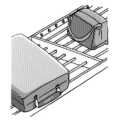

□**luggage rack** [lʌ́gidʒ~]

러기지랙 수하물 선반

223

□ **depart** 디팟 출발하다(leave)

The train for London departs at 4:35.
런던행 열차는 4:35분에 떠난다.

□ **ticket window** 티킷 윈도우 티켓 창구

□ **one-way ticket** 원웨이 티킷 편도 티켓

□ **round-trip ticket** 라운드추립 티킷 왕복 티켓

□ **monthly pass** 먼쓰리패스 정기권

□ **station staff** 스테이션 스탭 역무원

□ **fare** [fɛər] 페어 교통비(transport expenses)

□ **Lost and found** [lɔːst ənd faund] 로스트앤 파운드 분실물 센터

□ **subway** [sʌ́bwèi] 섭웨이 지하철

□ **railway** [réilwèi] 레일웨이 철도(railroad)

□ **express train** [iksprés] 익스프레스 추레인 급행열차

□ **local train** 로컬추레인 완행열차

Is this train, local or express?
이 열차가 완행인가요, 급행인가요?

□ **platform** [plǽtfɔːrm] 플랫폼 승차장

□ **track** [træk] 트랙 선로

□ **kiosk** [kiːásk] 키아스크 매점

□ **restroom** [réstrùːm] 레스트룸 화장실(washroom)

□ **conductor** [kəndʌ́ktər] 컨덕터 차장

□ **stationmaster** [stéiʃənmæ̀stəːr] 스테이션매스터 역장

1 수

2 인간

3 가정

4 사회

5 교통

6 업무

7 쇼핑

8 스포츠/취미

9 자연

□**entrance** [éntrəns] 엔트런스 입구

□**stopover** [stápouvər] 스탑오버 도중하차

□**crowded train** 크라우딧 추레인 만원 전철

□**dining car** [dáiniŋ kɑːr] 다이닝카 식당차

□**last stop** 라스트탑 종착역(terminal)

□**transfer** [trænsfɔ́ːr] 트랜스퍼 환승하다, 갈아타다(change)
  Please transfer at this station. 이 역에서 갈아타세요.

□**transfer station** 트랜스퍼 스테이션 환승역

□**miss one's stop** 미스 원스탑 내릴 역을 놓치다

□**miss the last train** 미스더 라스추레인 마지막 열차를 놓치다

□**moving walk** 무빙웍 무빙워크, 움직이는 보도

□**platform screen door** 플랫폼 스크린도어 전철 스크린도어

□**handicapped seat** 핸디캡트씻 노약자석

□**commuting time** 커뮤팅타임 출퇴근 시간

□**sleepy** 슬리피 졸린, 꾸벅꾸벅 조는(drowsy)

□**train operation time** 추레인 아퍼레이션 타임 전철 운행시간

Jokes

What's the difference between a teacher and a train guard?
One trains the mind, the other minds the train.

교사와 열차 신호수의 차이가 뭘까? 하나는 정신을 훈련시키고 다른 이는 열차를 신경쓰는 거지.

❶ anchor [ǽŋkər] 앵커 닻   **❷ bow** [bou] 보우 뱃머리(prow)

❸ cabin [kǽbin] 캐빈 선실   **❹ hull** [hʌl] 헐 선체

❺ deck [dek] 덱 갑판

A big wave swept over the deck.

큰 파도가 갑판 위를 휩쓸었다.

❻ stern [stəːrn] 스턴 배후미, 고물   **❼ dock** [dɔk] 독 부두, 선착장

❽ lighthouse [láithàus] 라잇하우스 등대

❾ breakwater [bréikwɔ̀ːtər] 브레이크워터 방파제

❿ cargo [káːrgou] 카고우 화물(load)   **⓫ radar** [réidɑːr] 레이더 레이더

⓬ sea [siː] 씨 바다

□ **rod** [rɑd] 랏 노

□ **boat** [bout] 보우트 배

□ **rowboat** [róubout]

로우보우트 노 젓는 배

□ **ship**[ʃip] 쉽

배, 선박

□ **propeller**

[prəpélər] 프로펠러

프로펠러

관련 단어

□ **engine room** [éndʒən ~] 엔진룸 기관실

□ **lifeboat** [láifbòut] 라이프보우트 구명보트

□ **quarterdeck** [kwɔ́:rtərdèk] 쿼터덱 뒷갑판

□ **rudder** [rʌ́dər] 러더 키

□ **vessel** [vésəl] 베설 배(boat 보다 큰 것)

□ **passenger ship** [pǽsəndʒər ~] 패선저쉽 여객선(liner)

□ **excursion ship** [ikskɔ́:rʒən ~] 익스커전쉽 유람선(cruise ship)

□ **fishing boat** [fíʃiŋ ~] 피싱보우트 어선

A fishing boat was observed in drift.
표류중인 어선이 목격되었다.

□ **freighter** [fréitər] 프레이터 화물선

□ **oil tanker** 오일탱커 유조선

□ **float** [flout] 플로웃 뜨다(↔ sink 가라앉다)

27

□ **cable** [kéibl] 케이블 닻줄

□ **coast-guard** [kóust gàːrd] 코우스트 가드 해안경비대

□ **anchorage** [ǽŋkəridʒ] 앵커리쥐 정박지

□ **freight warehouse** 프레잇 웨어하우스 화물창고

□ **discharge** [distʃáːrdʒ] 디스차쥐 짐을 부리다(unload), 해임하다

Good words

Beware of little expenses. A small leak will sink a great ship.
-Benjamin Franklin-
사소한 지출을 신경써라. 작은 구멍이 큰 배를 침몰시키는 법이다.
−벤자민 프랭클린−

Neither should a ship rely on one small anchor, nor should life rest on a single hope.
-Epictetus-
배가 작은 닻 하나에만 의지하면 안되듯 인생에서도 한 가지 희망에만 의지하면 안된다.
−에픽테투스−

If the highest aim of a captain were to preserve his ship, he would keep it in port forever.
-Thomas Aquinas-
배를 안전하게 지키는 것이 최고의 목표라면 선장은 배를 영원히 항구에 묶어두어야 한다.
−토머스 아퀴나스−

1 수

2 인간

3 가정

4 사회

5 교통

6 업무

7 쇼핑

8 스포츠/취미

9 자연

Unit

08 airplane 비행기

❶ **cockpit** [kάkpìt] 칵핏 조종실

❷ **cabin** [kǽbin] 캐빈 객실, 오두막

The farmer is living in a log cabin. 농부는 오두막에서 살고 있다.

❸ **wing** [wiŋ] 윙 날개

❹ **jet engine** 젯엔진 제트엔진(airliner engine)

❺ **fuselage** [fjú:səlὰ:ʒ] 퓨스라지 동체

☐ **lavatory** [lǽvətɔ̀:ri] 래버토리 화장실

☐ **vacant** [véikənt] 붸이컨트 비어 있음

☐ **occupied** [άkjupaid] 아큐파이드 사용중

229

□**captain** [kǽptən] 캡틴 기장

□**flight attendant**

[flait əténdənt] 플라이트 어텐던트

여승무원(cabin attendant)

□**take off** 테익오프 이륙

□**landing** [lǽndiŋ] 랜딩 착륙

□**make a landing** 메이커랜딩

착륙하다

관련 단어

□**tail** [teil] 테일 꼬리

□**emergency exit** [imə́:rdʒənsi ~] 이머전시 익시트 비상구

□**aisle** [ail] 아일 통로

□**airport** [érpɔ:rt] 에어포트 공항

□**flight** [flait] 플라이트 항공편

230

□ **flight number** [flait ~] 플라이트 넘버 항공편 번호

□ **airport of origin** 에어폿업 오리진 출발지 공항

□ **destination** [dèstənéiʃən] 데스티네이션 목적지
Success is a journey, not a destination.
성공은 목적지가 아니라 여정이다.

□ **rudder** [rʌ́dər] 러더 방향타

□ **seat number** 씻넘버 좌석 번호

□ **life jacket** 라이프재킷 구명동의

□ **oxygen mask** 악시젼 마스크 산소마스크

□ **headset** [hédsèt] 헤드셋 헤드폰

□ **blanket** [blǽŋkit] 블랭킷 담요

□ **No smoking** 노우 스모우킹 금연

□ **first class** 퍼스트 클래스 1등석

□ **business class** 비즈니스 클래스 비즈니스클래스

□ **economy class** 이카너미 클래스 일반석

□ **duty free goods** 듀티프리 굿즈 면세품

□ **time remaining to destination** 타임 리메이닝 투데스티네이션
목적지까지 남은 시간

□ **estimated arrival time** 에스티메이팅 어라이벌 타임 도착 예상 시간

□ **local time** 로컬타임 현지시간

□ **altitude** [ǽltətjùːd] 앨티튜드 고도(height)

2 인간
3 가정
4 사회
5 교통
6 업무
7 쇼핑
8 스포츠/취미
9 자연

Q: Why did the students study in the airplane?

학생들은 왜 비행기에서 공부를 했을까?

A: Because they wanted higher grades.

더 높은 성적을 원해서.

*grade는 학년, 성적 또는 고도를 의미한다.

Good words

When everything seems to be going against you, remember that the airplane takes off against the wind, not with it.
-Henry Ford-

모든 일이 당신에게 불리하게 돌아갈 때 기억하시게. 비행기는 맞바람을 받아야만 이륙한다는 것을. 순풍이 아니라.

—헨리 포드—

1 수

2 인간

3 가정

4 사회

5 교통

6 업무

7 쇼핑

8 스포츠/취미

9 자연

Unit

09 airport 공항

□ **airliner** [éərlàinər]

에어라이너 여객기

□ **runway** [ránwèi]

런웨이 활주로

□ **passport** [pǽspɔ̀:rt]

패스포트 여권

□ **boarding pass**

보딩패스 탑승권

□ **check-in counter**

[tʃékìn káuntər] 체킨카운터

탑승수속 카운터

□ **boarding gate**

보딩게이트 탑승구

233

□carousel [keʀusél]

케루셀 회전식 수하물 컨베이어

□luggage cart

러기지카트 수하물 손수레, 카트

□departure lounge

디파추어라운지 **탑승 대기실**

□money exchange

[~ ikstʃéindʒ] 머니 익스체인지 **환전**

□security check [sikjúəriti ~]

씨큐리티 첵 보안 검색

Airport security exists to guard us against terrorist attacks.

공항 보안은 테러리스트 공격으로부터 우리를 보호하기 위해 존재한다.

1 수

2 인간

3 가정

4 사회

5 교통

6 업무

7 쇼핑

8 스포츠/취미

9 지역

관련 단어

□ **terminal building** 터미널빌딩 터미널 건물

□ **domestic flight** 도우메스틱 플라이트 국내선

□ **international flight** 인터내셔널 플라이트 국제선

□ **information** [ìnfərméiʃən] 인포메이션 안내소

□ **self check-in** 셀프체킨 자동 체크인

□ **walkway** [wɔ́:kwèi] 워크웨이 (탑승용) 통로

□ **check-in baggage** 체킨배기지 탁송수하물

□ **hand luggage** [hænd lʌ́gidʒ] 핸드러기지 기내 반입 수하물

□ **inspection** [inspékʃən] 인스펙션 검사, 시찰
The inspection was carried out yesterday.
검사는 어제 이루어졌다.

□ **metal detector** 메털 디텍터 금속탐지기

□ **duty-free shop** 듀티프리샵 면세점
I bought some presents at the duty-free shop.
면세점에서 선물을 좀 샀다.

□ **gate number** 게잇넘버 탑승구 번호

□ **control tower** 컨트롤타워 관제탑

□ **arrival** [əráivəl] 어라이벌 도착

□ **late arrival** 레잇 어라이벌 연착

□ **flight cancellation** 플라잇 캔설레이션 결항

□ **arrival and departure** [əráivəl ənd dipɑ́:rtʃər] 어라이벌 앤디파쳐
도착과 출발

□ **time lag** 타임렉 시차(time difference)

235

☐ **stopover** [stápouvər] 스탑오우버 단기체류, 경유

Jokes

A Japanese tourist took a taxi in downtown Delhi and asked to be taken to the airport. On the way, a car zoomed by and the tourist responded, "Oh! Toyota-Made in Japan! Very fast!" Not too long afterward, another car flew by the taxi. "Oh! Nissan-Made in Japan! Very fast!" The taxi driver was a little annoyed that the Japanese made cars were passing his taxi, when yet another car passed the taxi as they were turning into the airport. "Oh! Honda-Made in Japan! Very fast!" The taxi driver stopped the car, pointed to the meter, and said, "That'll be Rupees 500." "Rupees 500? It was short ride! Why so much?" The Taxi driver smiled as he replied, "Meter – Made in India. Very fast!"

일본 관광객이 델리 시내에서 택시를 잡고 공항으로 가달라고 했다. 도중에 자동차 한 대가 지나갔고 관광객이 반응했다. "오, 토요타! 일본차. 아주 빨라요!" 얼마 후 다른 차가 지나갔다. "오, 닛산! 일본차. 아주 빨라요!" 택시기사는 일본제 차들이 지나가서 좀 기분이 언짢았다. 공항에 들어서는데 또 차가 지나간다. "오, 혼다! 일본차. 아주 빨라요!" 택시기사는 차를 멈추고 미터기를 가리켰다. "500루피 되겠습니다!" "500루피요?! 조금 달렸는데 왜 그렇게 비싸요?" 택시기사가 웃으며 대답한다. "미터기, 인도제. 아주 빨라요!"

10 immigration 출입국 심사

☐ **visa** [víːzə] 비자 사증

☐ **immigration form** [ìməgréiʃən ~] 이머그레이션 폼

입국신고서(disembarkation card)

☐ **purpose of my stay** 퍼퍼스 업 마이 스테이 내 체류 목적

☐ **sightseeing** [sáitsìːiŋ] 사잇씨잉 관광

Will you go sightseeing around town?
시내 관광을 하시겠어요?

☐ **business** [bíznis] 비즈니스 사업, 비즈니스

☐ **language school** 랭귀지스쿨 어학원

☐ **studying** [stʌ́diŋ] 스터딩 유학

☐ **homestay program** 호움스테이 프로그램 홈스테이

☐ **visiting my friends** 뷔지팅 마이 프렌즈 친구 방문

☐ **quarantine** [kwɔ́ːrəntìːn] 쿼런틴 "

☐ **reservation counter** 레저베이션 카운터 예약 카운터

☐ **baggage claim** [bǽgidʒ kleim] 배기지 클레임 수하물 찾는 곳

☐ **customs** [kʌ́stəm] 커스텀즈 세관

☐ **customs form** 커스텀즈 폼 세관신고서

☐ **nothing to declare** 나씽 투 디클레어 신고할 것 없음

Self Test 연 습 문 제

1 다음 그림을 영단어와 맞게 연결하세요.

motorbike　　glider　　truck　　yacht　　convertible

2 다음 영단어를 해석하시오.

a) hood _____　　handlebar _____

steering wheel _____　　horn _____

b) muffler _____　　turn signal _____

windshield _____　　odometer _____

c) flyover _____　　detour _____

blacktop _____　　reverse _____

d) breakwater _____　　lavatory _____

altitude _____　　departure _____

3 다음 빈칸에 들어갈 단어는?

a) _____ your seat belt. 안전벨트를 매 주세요.

b) The street lights _____ at dawn. 가로등은 새벽에 꺼졌다.

c) The train for London _____ 4:00.

런던행 열차는 4시에 출발한다.

d) The inspection _____ yesterday. 검사는 어제 이루어졌다.

e) Will you _____ around town? 시내 관광을 하시겠어요?

4 다음 우리말을 영어로 바꿔보세요.

a) 연료탱크 _____　　안장(자전거) _____

　　바퀴 축 _____　　짐받이 _____

b) 비포장도로 _____　　도로 표지판 _____

　　객실(열차) _____　　도중하차 _____

c) 착륙 _____　　통로(기내) _____

　　수하물 컨베이어 _____　　검역 _____

d) 지하도 _____　　방향 _____

　　비상구 _____　　탑승권 _____

Theme 6

business 업무

01 occupations 직업

□ **doctor** [dáktər] 닥터 의사

□ **policeman** [pəlí:smən]

펄리스먼 경찰관

□ **sportsman** [spɔ́:rtsmən]

스포츠맨 운동 선수

□ **flight attendant**

[~ əténdənt] 플라이트 어텐던트

여승무원

□ **cook** [kuk] 쿡 요리사

□ **singer** [síŋər] 싱어 가수

□ **professor** [prəfésər]

프러페서 교수

□ **taxi driver** [~ dráivər]

택시드라이버 **택시운전사**

□ **lawyer** [lɔ́ːjəːr] 로여 변호사

Compromise is the best and
cheapest lawyer.

타협은 최선이며 가장 저렴한 변호사다.

□ **baker** [béikər] 베이커 제빵사

I wanted to become a baker.

나는 빵집 주인이 되고 싶었다.

□ **entertainer**

[èntərtéinər] 엔터테이너 **연예인**

□ **TV personality**

[~ pə̀ːrsənǽləti] 티비 퍼스낼러티

TV 탤런트

1 수

2 인간

3 가정

4 사회

5 교통

6 업무

7 쇼핑

8 스포츠/취미

9 자연

243

□ **movie director**

무비디렉터 **영화감독**(film director)

□ **soldier** [sóuldʒəːr]

소울저 **군인**

□ **interpreter** [intə́ːrpritər]

인터프리터 **통역사**

□ **mailman** [meilmæn]

메일맨 **집배원**

□ **carpenter** [káːrpəntər]

카펜터 **목수**

□ **farmer** [fáːrmər] 파머 **농부**

244

1 수

2 인간

3 가정

4 사회

5 교통

6 업무

7 쇼핑

8 스포츠/취미

9 자연

□ **gardener** [gáːrdnər]

가드너 원예사

□ **salaried man**

[sǽlərid ~] 샐러리드맨

회사원, 월급쟁이(office employee)

관련 단어

□ **nurse** [nəːrs] 너스 간호사

□ **translator** [trænsléitər] 트랜슬레이터 번역가

□ **racing girl** [réisiŋ ~] 레이싱걸 레이싱걸

□ **housewife** [háuswàif] 하우스와이프 주부

□ **teacher** [tíːtʃəːr] 티처 교사

□ **auditor** [ɔ́ːditər] 오디터 회계원

□ **journalist** [dʒɔ́ːrnəlist] 저널리스트 언론인

□ **writer** [ráitər] 라이터 저자, 문필가

□ **judge** [dʒʌdʒ] 저쥐 판사

□ **real estate agent** 리얼 에스테잇 에이전트 부동산 중개인

□ **fashion designer** 훼션 디자이너 패션디자이너

□ **undertaker** [ʌndərtéikər] 언더테이커 장의사, 청부인

□ **vet** [vet] 벹 수의사

□ **photographer** [fətágrəfər] 퍼타그래퍼 사진사
I know that you are an amazing photographer.
당신이 굉장한 사진가라는 사실을 압니다.

□ **street cleaner** 스트릿 클리너 환경미화원

□ **security guard** 시큐리티 가드 경비원

□ **firefighter** [faiərfaitər] 화이어화이터 소방관(fireman)

□ **civil servant** 시빌서번트 공무원(public official)

□ **architect** [á:rkətèkt] 아키텍트 건축가

□ **construction worker** [kənstrʌ́kʃən ~] 컨스트럭션 워커
건설 현장 근로자

□ **factory worker** 팩토리워커 공장 근로자

□ **car mechanic** [~məkǽnik] 카머캐닉 자동차 정비공

□ **dancer** [dǽnsər] 댄서 무용수

□ **IT specialist** 아이티 스페셜리스트 IT전문가

□ **website designer** 웹사이트 디자이너 웹디자이너

□ **accountant** [əkáuntənt] 어카운턴트 경리(bookkeeper)

□ **part-timer** [pa:rttáimər] 팟타이머 알바 직원
I want to be a full-time worker, not a part-timer.
나는 알바 말고 정규직 직원이 되고 싶어요.

□ **insurance salesman** 인슈어런스 세일즈맨 보험외판원

□ **caregiver** [kéərgìvər] 케어기붜 간병인

□ **street vendor** 스트릿 벤더 노점상

□ **fisherman** [fíʃərmən] 휘셔먼 어부, 선원

246

□ **private instructor** 프라이빗 인스트럭터 학원 강사

□ **kindergarten teacher** [kíndərgà:rtn ~] 킨더가튼 티처 유치원 교사

□ **prostitute** [prάstətjù:t] 프라스티튜트 매춘부(whore)

□ **wizard** [wízərd] 위저드 마술사(여성 witch)

□ **housekeeper** [háuskipər] 하우스키퍼 가사 도우미

□ **babysitter** [béibisitər] 베이비시터 보모, 아기 돌봐주는 사람
My little son was taken care of by the babysitter.
내 어린 아들은 돌보미의 보살핌을 받았다.

□ **swindler** [swíndlər] 스윈들러 사기꾼

□ **unemployed** [ənemplóid] 언엠플로이드 실업자(jobless person)

□ **playboy** [pléibɔi] 플레이보이 한량, 팔자 좋은 사람

□ **beggar** [bégər] 베거 걸인

□ **puller-in** [púlərin] 풀러린 호객꾼

02 organization 조직

□ **chairman** [tʃéərmən]

체어먼 회장(president)

□ **secretary** [sékrətèri]

세크러테리 비서

□ **colleague** [káliːg]

칼릭 동료 직원(coworker)

□ **supervisor** [súːpərvàizər]

수퍼바이저 상사(boss)

관련 단어

□ **job title** 잡타이틀 직위

□ **headquarters** [hédkwɔ̀ːrtərz] 헤드쿼터즈 본사(head office)

□ **branch** [bræntʃ] 브랜취 지사

□ **subsidiary** [səbsídièri] 섭시디에리 자회사

248

□ **laboratory** [lǽbərətɔ̀ːri] 레버러토리 연구소

□ **factory** [fǽktəri] 팩토리 공장(plant)

□ **produce** [prədjúːs] 프러듀스 생산하다(↔ consume 소비하다)

□ **foreign company** 포린 컴퍼니 외국계 기업

□ **corporation** [kɔ̀ːrpəréiʃən] 코퍼레이션 기업, 법인

□ **supplier** [səpláiər] 서플라이어 공급자, 납품업자

□ **outlet** [áutlet] 아웃렛 특약점

□ **CEO** [siːiːou] 씨이오우 대표, 최고경영자(chief executive officer)

□ **unmoved** [ənmúvd] 언무브드 흔들리지 않는, 태연자약한
The chairman remained unmoved even when a woman raised a shout.
어떤 여자가 고함을 지를 때조차도 회장은 태연자약한 모습을 유지했다.

□ **vice-president** [váisprézidənt] 봐이스 프레지던트 부사장

□ **executive director** 익제큐팁 디렉터 전무

□ **director** [diréktər] 디렉터 상무

□ **general director** [dʒénərəl diréktər] 줴너럴 디렉터 부장

□ **general manager** [~ mǽnidʒəːr] 제너럴 매니저 과장

□ **assistant manager** [əsístənt ~] 어시스턴트매니저 대리

□ **mere clerk** [miər kləːrk] 미어클럭 평사원

□ **junior staff** [stǽf] 주니어스텝 부하 직원

□ **newcomer** [njúːkʌ̀məːr] 뉴커머 신입 사원

□ **accounting department** 어카운팅 디팟먼트 경리부

1 수

2 인간

3 가정

4 사회

5 교통

6 업무

7 쇼핑

8 스포츠/취미

9 지역

☐ **sales department** 세일즈 디팟먼트 영업부

☐ **manufacturing department** 매뉴팩춰링 디팟먼트 제조부

☐ **personnel department** 퍼서넬 디팟먼트 인사부

☐ **general affairs department** 제너럴 어페어즈 디팟먼트 총무부

☐ **unworthy** [ənwə́ːði] 언워씨 자격이 없는, 가치 없는(improper)
His conduct is unworthy of a boss.
그의 행동은 상사로서 자격이 없다.

☐ **precede** [prisíːd] 프리씨드 앞서가다(↔ follow 뒤따르다)

☐ **inefficient** [ìnifíʃənt] 이니퓌션트 비능률적인, 무능한(incompetent)

☐ **include** [inklúːd] 인클룻 포함하다(contain ↔ exclude 배제하다)

250

Unit

03 work 근로

☐ **interviewer** [íntərvjùːər]

인터뷰어 면접관

☐ **interviewee** [íntərvjùːíː]

인터뷰이 면접받는 사람

☐ **business trip**

[bíznis trip] 비즈니스추립 출장

☐ **promotion** [prəmóuʃən]

프러모우션 승진(advancement)

☐ **get promoted** 겟프러모우팃

승진하다(↔ degrade 지위를 낮추다)

☐ **meeting** [míːtiŋ] 미팅

회의(conference)

☐ **day off** [dei ɔːf] 데이오프

휴가(leave, vacation)

251

□ **retire** [ritáiə:r] 리타이어

정년 퇴직하다

□ **pension** [pénʃən] 펜션 연금

□ **retirement** [ritáiə:rmənt]

리타이어먼트 퇴직

관련 단어

□ **employment** [emplɔ́imənt] 엠플로이먼트 채용(recruit)

□ **commuting** [kəmjúːtiŋ] 커뮤팅 출퇴근

□ **ascent** [əsént] 어센트 상승, 출세(↔ descent 하락, 몰락)

□ **ascend** [əsénd] 어센드 올라가다(↔ descend 내려가다)

□ **retire allowance** 리타이어 얼라우언스 퇴직금

□ **bonus** [bóunəs] 보우너스 보너스

□ **salary** [sǽləri] 샐러리 임금(paycheck)

□ **minimum wage** 미니멈 웨이지 최저임금

□ **income** [ínkʌm] 인컴 수입, 소득(↔ expense 지출)

□ **compel** [kəmpél] 컴펠 강요하다(force)

Compelling a junior staff to drink is very impolite.
부하 직원에게 술을 강요하는 건 무례하다.

□ **quit one's job** 큇 원스잡 직장을 그만두다

1 수

2 인간

3 가정

4 사회

5 교예

6 업무

7 쇼핑

8 스포츠/취미

9 지역

□ **resignation** [rèzignéiʃən] 레직네이션 사직

□ **get fired** 겟파이어드 해고 당하다

□ **on business** 온 비즈니스 사업차, 업무 때문에(↔ for pleasure 재미로)

□ **go to work** 고우투웍 출근하다

□ **leave work** 립웍 퇴근하다

□ **on duty** 당번의(↔ off duty 비번의)

□ **absence** [æbsəns] 앱슨스 결근

□ **work overtime** 웍 오우버타임 초과 근무를 하다

□ **annual salary system** [ǽnjuəl ~] 애뉴얼 샐러리시스템 연봉제

□ **five-day week** 파이브데이윅 주 5일 근무

□ **full-time job** [fúltáim ~] 풀타임잡 정규직

□ **part-time job** [páːrtàim ~] 파타임잡 아르바이트, 계약직

□ **temporary worker** 템퍼러리 워커 파견직 사원

□ **resume** [rézumèi] 레주메이 이력서, 요약

□ **interview** [íntərvjùː] 인터뷰 면접시험

□ **job hunt** 잡헌트 구직 활동

□ **employ** [implɔ́i] 임플로이 채용하다(↔ dismiss 해고하다)

□ **employer** [implɔ́iər] 임플로이어 고용주(↔ employee 피고용자)

□ **unemployment** [ənimplɔ́imənt] 언임플로이먼트 실직, 실업

□ **unemployed** [ənemplɔ́id] 언엠플로이드 실직한

How long have you been unemployed?

실직하신 지 얼마나 되셨죠?

☐ **freelancing** [fríːlænsiŋ] 프리랜싱 자유직

☐ **freelancer** [fríːlænsər] 프리랜서 자유직 종사자

☐ **ability** [əbíləti] 어빌리티 능력(↔ inability 무능력)

☐ **inexperienced** [ìnikspíəriənst] 인익스피리언스트

경험이 없는, 미숙한(inexpert)

☐ **voluntary** [váləntèri] 발런테리 자발적인(↔ compulsory 강제적인)

☐ **substantial** [səbstǽnʃəl] 섭스텐셜 실질적인(↔ nominal 명목상의)

☐ **skillful** [skílfəl] 스킬펄 숙련된, 능숙한(proficient)

☐ **responsible** [rispánsəbl] 리스판서블 책임감 있는

☐ **significant** [signífikənt] 식니피컨트 중요한, 핵심적인(critical)

Good words

Success is walking from failure to failure with no loss of enthusiasm.
–Winston Churchill-

성공이란 열정의 손실없이 실패를 거듭하는 일이다.
–윈스턴 처칠–

Nothing ever comes to one, that is worth having, except as a result of hard work.
–Booker T. Washington-

힘든 작업의 결과 이외에, 가질 만한 가치가 있는 것이 그냥 들어오는 법은 없다.
–부커 워싱턴–

1 수

2 인간

3 가정

4 사회

5 교통

6 업무

7 쇼핑

8 스포츠/취미

9 자연

Unit

04 conference 회의

☐ **participant** [pa:rtísəpənt] 파티시펀트 참가자(entry)

☐ **handout** [hændàut] 핸다웃 배포 자료

☐ **subject** [sʌ́bdʒikt] 섭젝트 주제(agenda), 과목
Let's change the subject.
주제를 바꾸자.

☐ **deal** [di:l] 딜 거래

☐ **meeting room** 미팅룸 회의실

☐ **chairperson** [tʃérpərsən] 체어퍼슨 의장

☐ **negotiation** [nigòuʃiéiʃən] 니고우쉬에이션 협상

☐ **contract** [kəntrækt] 컨트랙트 계약

☐ **overall picture** 오버롤 픽쳐 개요, 전반적인 상황

☐ **pending issue** 펜딩 이슈 현안, 안건(the question at issue)

☐ **counterstep** [káuntərstep] 카운터스텝 대책(measure, step)

☐ **suggest** [səgdʒést] 서제스트 제안하다(propose, offer)
I suggest you choose this one.
당신이 선택하기엔 이게 좋다고 봅니다.

☐ **persuade** [pərswéid] 퍼쉐이드 설득하다(convince)

☐ **explain** [ikspléin] 익스플레인 설명하다(account for)

☐ **insist** [insíst] 인시스트 주장하다(assert, claim)

☐ **interrupt** [ìntərʌ́pt] 인터럽트 남의 말을 끊다

☐ **emphasize** [émfəsàiz] 엠퍼사이즈 강조하다

☐ **postpone** [poustpóun] 포우스트폰 연기하다(put off, delay)

255

□ **agreement** [əgríːmənt] 어그리먼트 동의, 찬성(consent)

□ **accord** [əkɔ́ːrd] 어코드 일치하다, 동의하다(agree); 합의

□ **disaccord** [dìsəkɔ́ːrd] 디서코드 불화, 불일치(discord)

□ **disagree** [dìsəgríː] 디서그리 의견이 다르다(object), 다투다

□ **disapprove** [dìsəprúːv] 디서프룹 불허하다, 안된다고 하다

□ **opposition** [àpəzíʃən] 어퍼지션 반대(objection), 야당

□ **rejection** [ridʒékʃən] 리젝션 거절(refusal, denial)
  We regret to inform you of our rejection.
  귀하에게 거절을 통보하게 되어 유감스럽습니다.

□ **point out** 포인트아웃 지적하다

□ **pros and cons** 프로즈앤 콘즈 찬성과 반대

□ **illogic** [ilɑ́dʒik] 일라직 불합리, 모순(contradiction)

□ **nonsense** [nɑ́nsens] 난센스 무의미, 말도 안되는 소리(insignificance)

□ **inconsistent** [ìnkənsístənt] 인컨시스턴트 모순된, 일치하지 않는

□ **unacceptable** [ʌnəkséptəbl] 언억셉터블 받아들일 수 없는, 용납할 수 없는

□ **get a majority** 게러 머조리티 과반수를 얻다

□ **presence** [prézns] 프레전스 참석, 출석

□ **absence** [ǽbsəns] 앱선스 결석

□ **the former** [fɔ́ːrmər] 포머 전자(↔ the latter 후자)

□ **concrete** [kɑ́nkriːt] 칸크릿 구체적인(↔ abstract 추상적인)

1 수

2 인간

3 기정

4 사회

5 교통

6 업무

7 쇼핑

8 스포츠/취미

9 치연

Good words

No grand idea was ever born in a conference, but a lot of foolish ideas have died there.
-F. Scott Fitzgerald-

어떤 위대한 생각이 회의에서 탄생한 적은 없다. 단지 어리석은 생각들이 거기에서 사망한다.
-스캇 피츠제럴드-

A conference is a gathering of people who singly can do nothing, but together can decide that nothing can be done.
-Fred Allen-

회의란 혼자서는 아무것도 못하는 사람들이 모인다. 하지만 함께라면, 아무것도 이룰 수 없다는 것을 결정할 수 있다.
-프레드 앨런-

05 office 사무실

□ **office table** 오피스 테이블

사무용 책상

□ **copier** [kápiər] 카피어

복사기

□ **fax machine** [fæks məʃíːn]

팩스머신 팩스기

□ **telephone** [téləfòun]

텔러폰 전화기

□ **calculator** [kǽlkjəlèitər]

컬큘레이터 계산기

□ **calendar** [kǽləndər]

캘린더 달력

1 수

2 인간

3 가정

4 사회

5 교통

6 업무

7 쇼핑

8 스포츠,취미

9 지역

mobile phone
[móubail foun] 모바일폰

휴대폰(cellular phone)

schedule book
[skédʒu(ː)l buk] 스케줄북

다이어리(day planner)

picture frame [píktʃər freim]

픽춰프레임 액자

thumbtack [θʌ́mtæ̀k]

섬택 압정

stapler [stéiplər] 스테이플러 호치키스
staple [stéipl] 스테이플 호치키스 침

259

☐ **bulletin board** 블루틴 보드 게시판

☐ **smoking room** 스모킹룸 흡연실

☐ **smoke-free area** 스모크프리 에리어 금연구역

☐ **revolving door** 리볼빙도어 회전문

☐ **cafeteria** [kæfətíəriə] 캐퍼티어리어 직원 식당, 학교 식당

☐ **swivel chair** 스위벌 체어 회전의자

☐ **partition** [pɑːrtíʃən] 파티션 칸막이, 파티션;분할하다

☐ **computer** [kəmpjúːtər] 컴퓨터 컴퓨터

☐ **laptop** [lǽptàp] 랩탑 노트북 컴퓨터

☐ **make a copy** 메이커 카피 한 장 복사하다

☐ **refill the toner** 리필더 토너 토너를 충전하다

☐ **out of order** 아우럽 오더 고장인
    My smart phone is out of order. 내 스마트폰이 고장이다.

☐ **phone charger** 폰차저 휴대폰 충전기

☐ **marker** [máːrkəːr] 마커 매직펜

☐ **highlighter** [háilaitər] 하일라이터 형광펜

☐ **ball-point pen** [bɔ́ːlpɔ̀int pen] 볼포인트펜 볼펜

☐ **felt-tip pen** [félttìp pen] 펠팁펜 사인펜

☐ **fountain pen** 파운틴펜 만년필
    My elder brother gave me a fountain pen.
    형은 내게 만년필을 주었다.

☐ **whiteout** [hwáitàut] 와잇아웃 수정액(correction fluid)

1 수

2 인간

3 가정

4 사회

5 교통

6 업무

7 쇼핑

8 스포츠/취미

9 자연

☐ **cutter** [kʌ́tər] 커터 커터칼

☐ **ruler** [rúːlər] 룰러 자, 통치자

☐ **shredder** [ʃrédər] 쉬레더 문서 파쇄기

☐ **packing tape** 패킹테입 박스테이프

☐ **irrelevant** [iréləvənt] 이렐러번트 부적절한, 당치 않은(inappropriate)
He gave me an irrelevant order.
그는 내게 부적절한 지시를 내렸다.

Jokes

Always give 100% at work. 12% Monday, 23% Tuesday, 40% Wednesday, 20% Thursday and 5% Friday.

언제나 일에 100%를 쏟아라. 월요일에 12%, 화요일에 23%, 수요일엔 40%, 목요일엔 20%, 그리고 금요일엔 5%.

My boss told me that there is no such thing as problems, only opportunities. I said, "That's great. Well I have a serious drinking opportunity."

사장님은 문제라는 건 없고 단지 기회만이 있을 뿐이라고 하셨다. 그래서 내가 "훌륭한 말씀입니다. 그럼 저는 심각한 음주 기회를 갖고 있네요."라고 했다.

Office executive "Sir, can I have a day off next week to visit my mother-in-law?" Boss "Certainly not!" Office executive "Thank you so much sir! I knew you would be understanding."

중역: 사장님, 다음주에 제 장모님을 뵈러 가야 하는데 하루 휴가를 써도 되겠습니까?
사장: 당연히 안 되지!
중역: 사장님, 감사합니다! 저를 이해해 주실 줄 알았습니다.

Unit

06 computer 컴퓨터

❶ monitor [mánitər] 마니터 모니터

❷ keyboard [kí:bɔ̀:rd] 키보드 키보드

❸ mouse [maus] 마우스 마우스
Don't press the mouse button.
마우스 버튼을 누르지 마세요.

☐ **printer** [príntər]
프린터 프린터

❹ system board [sístəm bɔ:rd]
시스템보드 마더보드(motherboard)

❺ CPU 씨피유 CPU(central processing unit), 중앙처리장치

❻ hard disk [hɑ:rd disk] 하드디스크 하드디스크

☐ **laptop** [lǽptàp] 랩탑
노트북 컴퓨터

☐ **scanner** [skǽnə:r]
스캐너 스캐너

262

1 수

2 인간

3 가정

4 사회

5 교통

6 오문

7 쇼핑

8 스포츠/취미

9 자연

관련 단어

☐ **cursor** [kə́:rsər] 커서 커서

☐ **icon** [áikən] 아이콘 아이콘

☐ **click** [klik] 클릭 클릭

☐ **double click** [dʌ́bəl ~] 더블클릭 더블클릭

☐ **drag and drop** [dræg ~] 드래앤드롭 드래그앤 드롭

☐ **cordless mouse** 코들리스 마우스 무선마우스

☐ **install** [instɔ́:l] 인스톨 설치하다
They installed a heating system in my house.
그들은 우리집에 난방 설비를 설치했다.

☐ **backup** [bǽkʌp] 백업 백업

☐ **sort** [sɔ:rt] 소트 정렬

☐ **boot** [bu:t] 부트 전원을 켜다

☐ **reboot** [ri:bú:t] 리붓 재부팅하다

☐ **format** [fɔ́:rmæt] 포맷 포맷, 형식, 구성

☐ **undo** [əndú] 언두 실행 취소하다, 원상태로 돌리다

☐ **initialize** [iníʃəlàiz] 이니셜라이즈 초기화하다

☐ **access the site** 액세스 더사잇 그 사이트에 들어가다

☐ **apply online** 어플라이 온라인 인터넷으로 신청하다

☐ **freeze up** 프리즈업 다운되다, 다운되어 움직이지 않다

☐ **USB drive** 유에스비 드라이브 USB 저장장치

☐ **input** [ínpùt] 인풋 입력(↔ output 출력)

☐ **cookie** [kúki] 쿠키 웹사이트 방문정보

263

□ **cloud** [klaud] 클라우드 인터넷 공간, 온라인

□ **algorithm** [ǽlgərìðm] 앨거리듬 알고리즘, 일련의 명령어

Unit

07 Internet 인터넷

☐ **browser** [bráuzər] 브라우저

인터넷을 보여주는 프로그램
(인터넷익스플로러)

☐ **portal site** 포털사잇

다양한 정보를 제공하는 사이트
(예: yahoo, naver, daum 등)

☐ **surf** [səːrf] 서프

인터넷 검색을 하다, 파도 타기하다

☐ **email** [íːmèil] 이메일

이메일(electronic mail)

☐ **download** [dáunlòud]

다운로드 통신망을 통해 개인이
파일을 내려받는 것(upload 업로드)

☐ **homepage** [hóumpèidʒ]

홈페이지 홈페이지

I hope you could soon visit
our homepage.

우리 홈페이지에 방문하시길 바랍니다.

265

□ **inbox** [ínbàks] 인박스 받은 편지함

□ **outbox** [àutbáks] 아웃박스
보낼 편지함

□ **sent items** [sent áitəmz]
센트아이텀즈 보낸 편지함

굴림체
견고딕
궁서체
명조체

□ **font** [fɔnt] 폰트 글꼴

□ **attachment** [ətǽtʃmənt]
어태취먼트 첨부

□ **banner** [bǽnər] 배너
띠 모양의 광고

□ **internet addiction** 인터넷 애딕션
인터넷 중독(on-line addiction)

관련 단어

☐ **BBS** 비비에스 게시판(bulletin board system)

☐ **blog** [blag] 블락 블로그(web log)

☐ **bug** [bʌg] 벅 프로그램의 오류, 결함

☐ **spam mail** 스팸메일 스팸메일

I'm getting lots of spam mails everyday.
나는 매일 많은 스팸메일을 받는다.

☐ **cookie** [kúki] 쿠키 (인터넷 임시저장 파일)

☐ **domain** [douméin] 도메인 인터넷 주소

☐ **ethernet** [íːθərnèt] 이더넷 (랜선으로 연결하여 인터넷으로 접속하는 방법)

☐ **FAQ** 에프에이큐 자주 묻는 질문(frequently asked questions)

☐ **fire wall** [faiər wɔːl] 파이어월 방화벽

☐ **gif** 지아이에프 사진 확장명(graphic interchange format)

☐ **jpeg** 제이피이지 사진 확장명(joint photographic experts grop)

☐ **lan** 랜 근접 통신망(local area network)

☐ **on-line** [ɔːn lain] 온라인 온라인

☐ **reply** [riplái] 리플라이 대답, 댓글

☐ **router** [ráutəːr] 라우터 (2개 이상의 컴퓨터를 연결시켜 주는 기계)

☐ **site** [sait] 도메인 이름을 가진 컴퓨터

☐ **inaccessible** [ìnəksésəbl] 인억세서블 접근할 수 없는

I just think the Internet has made us ruder.

-Rick Warren-

내 생각에 인터넷 때문에 우리는 더 무례해졌다.

–릭 워런–

The Internet is just another experiment showing us more sides of us.

-Frank Ocean-

인터넷은 우리가 가진 더 많은 면을 보여주는 또 다른 실험이다.

–프랭크 오션–

The Internet has turned everybody into a global person, whether they know it or not.

-Stephen A. Schwarzman-

인터넷이 모든 사람을 글로벌한 인간으로 바꿔 놓았다. 그들이 알든 모르든.

–스티븐 슈워츠먼–

1 수

2 인간

3 가정

4 사회

5 교통

6 업무

7 쇼핑

8 스포츠/취미

9 자연

□ **greeting** [grí:tiŋ]

그리팅 인사

□ **conversation** [kùnvərséiʃən]

칸버세이션 대화(dialogue)

□ **mutual** [mjú:tʃuəl] 뮤추얼

서로의, 상호간의(reciprocal)

□ **confess one's love**

컨페스 원스럽 사랑을 고백하다

□ **argument** [á:rgjəmənt]

아규먼트 언쟁(quarrel)

□ **apology** [əpálədʒi] 어팔러지

사과, 사죄(regret 후회, 유감)

Please accept my apology.
부디 제 사과를 받아 주세요.

269

□ **gesture** [ʤéstʃər] 제스춰 몸짓, 의사표현

□ **insult** [insʌ́lt] 인설트 모욕, 경멸(indignity)

□ **accent** [ǽksent] 액센트 말투

□ **dialect** [dáiəlèkt] 다이얼렉트 사투리

□ **interpretation** [intə̀:rprətéiʃən] 인터프리테이션 통역

□ **invitation** [ìnvətéiʃən] 인비테이션 초대

□ **topic** [tápik] 타픽 화제, 주제(theme)

□ **relationship** [riléiʃənʃìp] 릴레이션쉽 관계

□ **co-worker** [kóuwə̀:rkər] 코우워커 동료(colleague)

□ **close friend** [klouz frend] 클로우즈 프렌드 친밀한 친구

□ **keep one's promise** 킵원스 프라미스 약속을 지키다
(↔ break one's promise 약속을 어기다)

□ **thankful** [θǽŋkfəl] 쌩크펄 감사하는(grateful)

□ **ungrateful** [əngréitfəl] 언그레잇펄 배은망덕한, 감사할 줄 모르는

□ **keep track of** 킵 추래어브 연락을 유지하다(↔ lose track of 연락이 끊어지다)

□ **be through with** 비스루 윗 절교하다, 끝내다(break up with)
You should be through with the ungrateful friend.
배은망덕한 친구와는 절교하는 게 좋다.

□ **disconnect** [dìskənékt] 디스커넥트 연락을 끊다(unlink)

□ **attitude** [ǽtitjùːd] 애티튜드 태도

□ **opinion** [əpínjən] 오피니언 의견(view)

□ **distinct** [distíŋkt] 디스팅트 분명한(↔ vague 모호한)

□ **affirmative** [əfə́ːrmətiv] 어풔머팁 긍정적인(↔ negative 부정적인)

□ **affirm** [əfə́ːrm] 어풤 긍정하다(↔ deny 부정하다)

□ **agree** [əgríː] 어그리 동의하다(↔ differ 다르다, 차이나다)

□ **intend** [inténd] 인텐드 의도하다(mean)

□ **admire** [ædmáiər] 엇마이어 칭찬하다, 감탄하다(↔ despise 경멸하다)
We tend to become like those whom we admire.
우리는 자신이 칭찬하는 사람과 비슷해지는 경향이 있다.

□ **introduction** [ìntrədʎkʃən] 인추러덕션 소개, 도입

□ **meeting** [míːtiŋ] 미팅 모임

□ **nonsocial** [nansóuʃəl] 난소우셜 비사교적인(↔ sociable 사교적인)

□ **civil** [sívəl] 시빌 예의바른(↔ uncivil 예의 없는), 시민의

□ **civility** [sivíləti] 시빌리티 예의 바름, 정중함(↔ incivility 무례함)

□ **ironic** [airánik] 아이라닉 비꼬는, 비웃는(sarcastic)

Good words

"It is easier to forgive an enemy than to forgive a friend."
–William Blake-

친구를 용서하기보다는 적을 용서하는 게 쉽다.
–윌리엄 블레이크–

Self Test 연 습 문 제

1 다음 그림을 영단어와 맞게 연결하세요.

· · · · ·

· · · · ·

carpenter   soldier   baker   professor   interpreter

2 다음 영어를 한글로 바꾸세요.

a) chairman _____   secretary _____

interviewer _____   mere clerk _____

b) promotion _____   unemployment _____

pending issue _____   rejection _____

c) disaccord _____   undo _____

dialect _____   civility_____

d) caregiver _____   inefficient _____

retirement _____   absence _____

3 다음 빈 칸에 맞는 영단어를 쓰시오.

a) He was _____ by the babysitter.

그는 보모의 보살핌을 받았다.

b) My smart phone is _____.

내 스마트폰이 고장이다.

c) Please _____ my apology. 제 사과를 받아주세요.

d) You should be _____ the friend.

그 친구와는 절교하는 게 좋겠다.

4 다음 우리말을 영어로 바꾸세요.

a) 출장 _____   퇴근하다 _____

동료 직원 _____   본사 _____

b) 면접받는 사람 _____   휴가 _____

사직 _____   이력서 _____

c) 정규직 _____   계약직 _____

계약 _____   협상 _____

d) 동의 _____   반대 _____

불합리 _____   출석 _____

 정답

1 제빵사–baker 목수–carpenter 군인–soldier 통역사–interpreter 교수–professor

2 a) 회장 – 비서 – 면접관 – 평사원   b) 승진 – 실직 – 현안 – 거절

　　c) 불화 – 실행 취소하다 –사투리 – 예의 바름

　　d) 간병인 – 비능률적인 – 퇴직 – 결근

3 a) taken care of b) out of order c) accept d) through with

4 a) business trip, leave work, colleague, headquarters

　　b) interviewee, day off, resignation, resume

　　c) full–time job, part–time job, contract, negotiation

　　d) agreement, opposition, illogic, presence

Theme 7

Shopping 쇼핑

01 mall 마트

□ **clerk** [kləːrk] 클럭

점원(salesman, salesgirl)

□ **customer** [kʌ́stəmər]

커스터머 고객(client)

□ **note** [nout] 노우트 지폐(bill)

□ **coin** [kɔin] 코인 동전

□ **shopping cart**

[ʃápiŋ kɑːrt] 샤핑카트 쇼핑카트

□ **cashier** [kæʃíər] 캐쉬어

계산원

□ **cash register** [~ rédʒəstər]

캐쉬 레지스터 금전 등록기

1 수

2 인간

3 가정

4 사회

5 교통

6 업무

7 쇼핑

8 스포츠/취미

9 자연

관련 단어

☐ **buy** [bai] 바이 사다, 구입하다(purchase)

☐ **unkind** [ənkáind] 언카인드 불친절한(unfriendly)

The unkind salesgirl was dismissed yesterday.
불친절한 여점원은 어제 짤렸다.

☐ **counter** [káuntər] 카운터 코너

☐ **bar code** [ba:r koud] 바코드 바코드

☐ **scanner** [skǽnə:r] 스캐너 스캐너

☐ **cash** [kæʃ] 캐쉬 현금

☐ **credit card** [krédit ka:rd] 크레딧카드 신용카드

☐ **cheque** [tʃek] 체크 수표

☐ **change** [tʃeindʒ] 체인지 잔돈

☐ **refund** [rifʌ́nd] 리펀드 환불, 환급

I want you to refund that money.
그 돈을 환불해 주시길 바랍니다.

☐ **not returnable** 낫 리터너블 반품 불가

☐ **receipt** [risíːt] 리싯 영수증

☐ **tax receipt** 텍스리싯 세금 영수증

☐ **window shopping** [wíndou ʃápiŋ] 윈도샤핑 아이쇼핑

☐ **brand** [brænd] 브랜드 상표

☐ **gift** [gift] 기프트 선물(present)

☐ **wrap** [ræp] 랩 포장하다

☐ **shopping bag** 샤핑백 쇼핑백

☐ **clearance sale** [klíərəns~] 클리어런스 세일 정리 세일

- men's wear [ménz wèər] 맨즈웨어 남성복
- women's wear [wíminz wèər] 위민즈웨어 여성복
- cosmetics [kazmétiks] 코스메틱스 화장품
- accessory [æksésəri] 액세서리 잡화, 장신구
- jewelry [dʒúːəlri] 주얼리 보석
- toys [tɔiz] 토이즈 완구
- electrical goods [iléktrikəl ~] 일렉트리컬 굿즈 전자제품
- electronics store [ilektrániks ~] 일렉트라닉스 스토어 전자제품 매장
- home furnishings [~ fɔ́ːrniʃiŋz] 홈퍼니싱즈 가구
- kitchen ware [kítʃin ~] 키친웨어 주방용품
- food court [fuːd kɔːrt] 푸드코트 식품 매장
- stationery [stéiʃənèri] 스테이셔너리 문방구

1 수

2 인간

3 가정

4 사회

5 교통

6 업무

7 쇼핑

8 스포츠취미

9 자연

Unit
02 grocery 식료품

□ **bread** [bred]

브레드 빵

□ **rice** [rais]

라이스 쌀

□ **canned food**

[kænd fu:d] 캔드푸드 통조림

□ **egg** [eg]

엑 계란

□ **milk** [milk]

밀크 우유

□ **ice cream** [ais kri:m]

아이스크림 아이스크림

□ **fruits** [fru:ts]

프루츠 과일

□ **vegetable**

[védʒətəbl] 베지터블 야채

□ **soft drink**

[sɔ:ft driŋk] 솝트드링크

탄산음료(soda)

279

□ **salt** [sɔːlt] 솔트 소금

□ **sugar** [ʃúgər] 슈거 설탕

□ **ketchup** [kétʃəp] 케첩 케첩

□ **juice** [dʒuːs] 주스 주스

관련 단어

□ **beverage** [bévəridʒ] 베버리쥐 음료수(drink)
How about a warm beverage for you?
따뜻한 음료를 드시면 어때요?

□ **snacks** [snæks] 스낵스 과자(cracker)

□ **frozen food** [fróuzən ~] 프로즌 푸드 냉동 식품

□ **organic food** 오거닉 푸드 유기농 식품

□ **oil** [ɔil] 오일 식용유

□ **sesame oil** 새서미오일 참기름

□ **perilla oil** [pərílə ~] 페릴러오일 들기름

□ **flour** [flauər] 플라워 밀가루

□ **mustard** [mʌ́stərd] 머스터드 겨자

1 수

2 인간

3 가정

4 사회

5 교통

6 업무

7 쇼핑

8 스포츠취미

9 자연

□ **pepper** [pépər] 페퍼 후추

□ **soy sauce** [sɔi sɔːs] 소이소스 간장

□ **spice** [spais] 스파이스 조미료(seasoning)

□ **vinegar** [vínigər] 비니거 식초
The vinegar is an acid.
식초는 산성이다.

□ **energy drink** [énərdʒi ~] 에너지드링크 에너지 드링크

□ **brown rice** 브라운 라이스 현미

□ **white rice** 와잇 라이스 백미

□ **ramen** [rɑ́ːmən] 라먼 라면

□ **cheese** [tʃiːz] 치즈 치즈

□ **red pepper paste** 렛페퍼 페이스트 고추장

□ **red pepper powder** 렛페퍼 파우더 고춧가루

□ **soybean paste** 소이빈 페이스트 된장

□ **cinnamon** [sínəmən] 시나먼 계피

□ **instant coffee** 인스턴커피 인스턴트 커피

Good words

As a child I was sometimes so hungry that I used to dream that
one day I'd get locked in a grocery store. -George Foreman-
꼬마였을 때 나는 가끔 너무나 배가 고파서 하루는 식료품점에 갇혀버리면 좋
겠다고 상상하곤 했다. -조지 포먼-

dress shop 의류점

☐ **t-shirt** [tíːʃəːrt] 티셔트 티셔츠

☐ **sweater** [swétər]

스웨터 스웨터

☐ **underpants**

[ʌ́ndərpæ̀nts] 언더팬츠 팬티

☐ **shorts** [ʃɔ́ːrts]

쇼츠 반바지

☐ **pants** [pænts]

팬츠 바지(trousers)

☐ **(blue) jeans**

[dʒíːnz] (블루)진즈 청바지

1 수

2 인간

3 가정

4 사회

5 교통

6 업무

7 쇼핑

8 스포츠/취미

9 자연

☐ **polo shirt** [póulou ʃə:rt]

포울로우 셔트 폴로티

☐ **shirt** [ʃə:rt] 셔트 와이셔츠

Your shirt is inside out.
너 셔츠를 뒤집어서 입었어.

☐ **suit** [su:t] 숫 정장

☐ **formal dress**

포멀 드레스 예복

☐ **sweat suit** [swet su:t]

스웻수트 운동복, 추리닝

☐ **letter jacket** 레터재킷

글자가 새겨진 점퍼

283

☐ **jacket** [dʒǽkit] 재킷 상의

☐ **tuxedo** [tʌksíːdou] 턱시도 턱시도

☐ **jean jacket** 진재킷 청재킷, 청바지 소재의 상의

☐ **blazer** [bléizər] 블레이저 상의

☐ **vest** [vest] 베스트 조끼

☐ **underwear** [ʌ́ndərwèər] 언더웨어 속옷
I don't like silk underwear.
나는 실크 속옷이 싫다.

☐ **casual wear** [kǽʒuəl ~] 캐주얼웨어 평상복

☐ **down jacket** 다운재킷 오리털 재킷

☐ **windbreaker** [wíndbreikər] 윈드브레이커 바람막이 점퍼

☐ **leather jacket** 레저재킷 가죽점퍼

☐ **overalls** [óuvərɔ̀ːlz] 오버롤즈 멜빵 작업복

☐ **ski jumper** [~ dʒʌ́mpər] 스키점퍼 스키복

☐ **swimming suits** [swímiŋ ~] 스위밍 수츠 수영복

☐ **fitting room** [fítiŋ ~] 피팅룸 시착실, 탈의실
Any hesitation in the fitting room and just walk away.
탈의실에서 망설여진다면 그냥 나와라.

☐ **tight** [tait] 타이트 꼭 끼는, 빽빽한

☐ **loose** [luːs] 루스 헐거운, 헐렁한

☐ **well-dressed** [wéldrést] 웰드레스트 잘 차려 입은

☐ **wrinkle** [ríŋkl] 링클 주름, 구김

284

1 수

2 인간

3 가정

4 사회

5 교통

6 업무

7 쇼핑

8 스포츠/취미

9 자연

□ **stain** [stein] 스테인 얼룩, 때

□ **shrink** [ʃriŋk] 쉬링크 줄어들다, 축소되다

□ **round neck** [raund ~] 라운드넥 목 부위가 둥근 것

□ **v-neck** [vi: nek] 뷔넥 목 부위가 V자형인 것

□ **collar** [kálər] 칼러 옷깃

□ **button** [bʌ́tn] 버튼 단추

□ **sleeve** [sliːv] 슬리브 소매, 옷의 팔부분

□ **cuff** [kʌf] 커프 소맷부리

□ **pocket** [pákit] 파킷 주머니

□ **lining** [láiniŋ] 라이닝 안감

Good words

Clothes make the man. Naked people have little or no influence on society.
–Mark Twain–
옷이 사람을 만든다. 벌거벗은 사람은 사회적으로 영향력이 없다.
–마크 트웨인–

Clothes mean nothing until someone lives in them.
-Marc Jacobs-
옷이란 누군가가 입기 전까지는 아무런 의미도 없다.
–마르크 제이컵스–

285

☐ **blouse** [blaus]

블라우스 블라우스

☐ **skirt** [skəːrt]

스커트 치마

☐ **dress** [dres]

드레스 원피스

☐ **evening dress**

이브닝드레스 야회복

☐ **bra** [brɑː] 브라

브래지어

☐ **knickers** [níkərz]

닉커스 여성 팬티

☐ **pantyhose**

[pǽntihòuz] 팬티호스

팬티스타킹

관련 단어

□ **fashion** [fǽʃən] 패션 유행(mode)

□ **unsuitable** [ənsútəbəl] 언수터블 어울리지 않는(↔ well matched 어울리는)
That colorful skirt is unsuitable to you.
그 화려한 치마는 너에게 안 어울린다.

□ **pantskirt** [pǽntskə̀ːrt] 팬트스컷 치마바지

□ **slip** [slip] 슬립 슬립

□ **nightdress** [náitdrès] 나잇드레스 여성 잠옷

□ **negligee** [néɡliʒèi] 네글리제 네글리제

□ **undress** [əndrés] 언드레스 옷을 벗다(take off)
Please don't undress in front of them!
걔네들 앞에서 옷을 벗지 마세요!

□ **suspenders** [səspéndərz] 서스펜더즈 가터(garters)

□ **shoulder pad** [ʃóuldəːr ~] 숄더패드 어깨패드

□ **knee-length** [niː leŋθ] 니렝쓰 무릎 길이의

□ **sleeveless** [slíːvlis] 슬리브리스 민소매의

□ **pattern** [pǽtərn] 패턴 무늬

□ **solid-color** [sɑ́lidkʌ́lər] 살리드컬러 무늬 없는

□ **striped** [straipt] 스트라입트 줄무늬의

□ **plaid** [plæd] 플래드 체크무늬(checked)

□ **nonsexual** [nɑnsékʃuəl] 난섹쉬얼 남녀 구별이 없는

□ **stockings** [stɑ́kiŋ] 스타킹즈 스타킹

□ **smooth** [smuːð] 스무쓰 매끄러운(↔ rough 거친)

287

A woman is never sexier than when she is comfortable in her clothes.
-Vera Wang-

여자는 편안한 옷을 입고 있을 때 가장 섹시하다.
-베라 왕-

The more traditional bride still prefers white or ivory, but the young girls… seem to like the idea of using colors.
-Reem Acra-

전통적인 생각의 신부는 흰색이나 아이보리색을 좋아하지만 젊은 아가씨들은 다양한 색상을 좋아하는 것 같다.
-림 애크라-

In the factory we make cosmetics; in the drugstore we sell hope.
-Charles Revson-

공장에서는 화장품을 제조하지만 가게에선 희망을 판매한다.
-찰스 렙슨-

05 shoes & accessories 신발과 액세서리

1 수

2 인간

3 가정

4 사회

5 교통

6 업무

7 쇼핑

8 스포츠/취미

9 자연

□ **high heels**

[haihíːlz] 하이힐즈 하이힐

□ **sneakers**

[sníːkərz] 스니커즈 운동화

□ **leather shoes**

[léðər ~] 레더슈즈 구두

□ **gloves** [glʌvz]

글러브즈 장갑

□ **cap** [kæp] 캡

모자(챙 달린 것)

□ **boots** [buːts] 부츠 부츠

□ **socks** [saks] 삭스 양말

I never wear white or black socks.
나는 흰색이나 검정 양말은 절대로 신지 않는다.

289

☐ **scarf** [skɑ:rf]

스카프 스카프

☐ **handkerchief**

[hǽŋkərtʃif] 행커칩 손수건

☐ **necktie** [néktai]

넥타이 넥타이

관련 단어

☐ **sandals** [sǽndl] 샌들스 여자용 샌들

☐ **flip-flops** [flípflὰp] 플립플랍스 고무 샌들

☐ **bowtie** [bóutái] 보우타이 나비넥타이

☐ **ear muffs** [iər mʌfs] 이어머프스 귀마개

☐ **mittens** [mítnz] 미튼즈 벙어리장갑

☐ **hat** [hæt] 햇 모자

☐ **belt** [belt] 벨트 벨트

☐ **tie clip** 타이클립 넥타이핀

☐ **rain coat** [~ kout] 레인코우트 우비

☐ **umbrella** [ʌmbrélə] 엄브렐러 우산

　　Compromise makes a good umbrella, but a poor roof.
　　타협이란 우산치곤 좋으나 지붕으로선 형편 없다.

☐ **parasol** [pǽrəsɔ̀:l] 패러솔 양산

☐ **wallet** [wálit] 왈릿 지갑(pocketbook)

☐ **cigarette** [sìgərét] 시거렛 담배(tobacco)

□ **watch** [watʃ] 와취 손목시계

□ **necklace** [néklis] 넥리스 목걸이

□ **bracelet** [bréislit] 브레이스릿 팔찌

□ **earring** [íəriŋ] 이어링 귀걸이

□ **ring** [riŋ] 링 반지

□ **brooch** [broutʃ] 브로우치 브로치

□ **waistband** [wéistbæ̀nd] 웨이스트밴드 허리띠

Dialogue

A: What is your shoe size?

신발 사이즈가 어떻게 되시죠?

B: It's 255mm (two fifty-five millimeter.)

255밀리입니다.

☐ **facial cream** [feiʃəl ~]

페이셜크림 영양 크림

☐ **toner** [tóunər]

토우너 로션

☐ **tonic lotion** [tónik louʃən]

토닉 로우션 스킨

☐ **compact** [kəmpǽkt]

컴팩 콤팩트

☐ **perfume** [pə́ːrfjuːm] 퍼퓸 향수

A women who doesn't wear
perfume has no future.
향수를 쓰지 않는 여성에게 미래는 없다.

□ **puff** [pʌf] 퍼프
퍼프, 분첩

□ **foundation** [faundeiʃən]

파운데이션 파운데이션

□ **lipstick** [lípstìk]

립스틱 립스틱

□ **mascara** [mæskǽrə]

매스캐러 마스카라

□ **nail polish** [~ paliʃ]

네일팔리시 매니큐어

□ **makeup** [meikʌ̀p]

메이컵 화장

□ **brush one's hair**

브러쉬 원스헤어 브러시로 머리를 빗다

1 수

2 인간

3 가정

4 사회

5 교통

6 업무

7 소핑

8 스포츠/취미

9 자연

293

☐ **skin care** [~ kɛər] 스킨케어 피부 미용관리

☐ **fake eyelashes** [feik ailǽʃz] 페익 아이래쉬즈 인조 속눈썹

☐ **eyeliner** [áilainər] 아이라이너 아이라이너

☐ **eye shadow** [áiʃædou] 아이세도우 눈썹 그리개

☐ **lip gloss** [~ glɔːs] 립글로스 입술 화장품

☐ **lip liner** 립 라이너 립라이너

☐ **blusher** [blʌʃər] 블러셔 볼터치

☐ **sun block** [~ blɑk] 썬블락 선탠 크림

☐ **mousse** [muːs] 무스 무스

☐ **cleansing foams** 클렌징 폼즈 클렌징폼

☐ **hand cream** 핸크림 핸드크림

☐ **hair straighteners** 헤어 스트레이트너즈 고데기

☐ **reasonable** [ríːzənəbl] 리즈너블 합리적인, 적당한(proper)
We sell cosmetics at reasonable prices.
우리는 합리적인 가격에 화장품을 팝니다.

☐ **fragrance** [fréigrəns] 프레이그런스 향기, 방향(odor)

Good words

You don't need to buy expensive cosmetics; almost anything will do if you know how to apply it. -Dolly Parton-
비싼 화장품을 살 필요는 없다. 아무거나 괜찮다. 사용법을 잘 안다면.
—돌리 파튼—

Unit

07 electric home appliances
가전제품

2 인간

3 가정

4 사회

5 교통

6 업무

7 쇼핑

8 스포츠/취미

9 자연

☐ **TV set** [tíːvíː set] 티비셋

텔레비전

☐ **refrigerator** [rifrídʒərèitəːr]

리프리저레이터 냉장고

☐ **washing machine**

[wáʃiŋ ~] 와싱머신 세탁기

☐ **telephone** [téləfòun]

텔러폰 전화기

☐ **air conditioner** [ɛər kəndíʃənər]

에어컨디셔너 에어컨

295

□ **rice cooker** [rais kúkər]

라이스쿠커 전기밥솥

□ **iron** [áiərn] 아이언

다리미

□ **blender** [bléndər] 블렌더 믹서

This blender can't handle nuts.

이 믹서는 견과류는 갈 수 없습니다.

□ **stereo system**

[stériòu ~] 스테리오우 시스템

오디오 시스템

관련 단어

□ **camcorder** [kǽmkɔ̀:rdər] 캠코더 캠코더, 동영상 촬영기

□ **CD player** [~ pléiər] 씨디플레이어 CD플레이어

□ **electric fan** [iléktrik fǽn] 일렉트릭팬 선풍기

□ **microwave oven** [máikrouwèiv ~] 마이크로오븐 전자레인지

□ **remote controller** [rimóut kəntróulər] 리모우트 컨추롤러 리모컨

□ **portable stereo system** [pɔ́:rtəbəl ~] 포터블 스테레오시스템

휴대용 오디오 시스템

296

1 수

2 인간

3 가정

4 사회

5 교통

6 업무

7 소비

8 스포츠/취미

9 지역

□ **gas stove** [gæs stouv] 개스토브 가스레인지(gas oven)

□ **humidifier** [hju:mídəfàiər] 휴미디파이어 가습기

Wait, let me turn on my humidifier.
잠깐, 내 가습기를 켜겠습니다.

□ **dehumidifier** [dì:hju:mídəfàiər] 디휴미디파이어 제습기

□ **dishwasher** [díʃwàʃər] 디쉬와셔 식기세척기

□ **coffee maker** 커피메이커 커피 끓이는 기구

□ **vacuum cleaner** 붸큠 클리너 진공청소기

□ **turn on** 턴온 켜다(↔ turn off 끄다)

□ **in order** 인오더 정상 작동하는, 질서 있는(↔ out of order 고장난, 무질서한)

□ **up to date** 업투데잇 최신의(↔ out of date 구식의)

Unit

08 jewelry store 귀금속점

□ **ruby** [rúːbi] 루비 루비

□ **sapphire** [sǽfaiəːr]

쌔파이어 사파이어

□ **pearl** [pəːrl] 펄 진주

□ **emerald** [émərəld]

에머럴드 에메랄드

□ **diamond** [dáiəmənd] 다이어먼드 다이아몬드

Better a diamond with a flaw than a pebble without.

결점 없는 돌맹이보다 결점 있는 다이아몬드가 좋다.

298

□ **crystal** [krístl] 크리스털 수정　　　□ **jade** [dʒeid] 제이드 옥

관련 단어

□ **topaz** [tóupæz] 토우패즈 토파즈

□ **coral** [kɔ́ːrəl] 코럴 산호

□ **amber** [æmbər] 앰버 호박

□ **gold** [gould] 고울드 금

□ **silver** [sílvər] 실버 은

□ **platinum** [plǽtənəm] 플래티넘 백금

□ **amethyst** [ǽmiθist] 애미씨스트 자수정

□ **jewelry** [dʒúːəlri] 쥬월리 보석(gem, jewel)

□ **birthstone** [bə́ːrθstòun] 버쓰스토운 탄생석

□ **precious metal** [préʃəs ~] 프레셔스 메틀 귀금속

□ **gold-plated** [~ pléitid] 골드플레이팃 금도금된

□ **golden** [góuldən] 고울든 금으로 만든, 귀중한
　Silence is golden when you can't think of a good answer.
　좋은 대답을 생각할 수 없을 때는 침묵이 소중하다.

□ **real** [ríːəl] 리얼 진짜의(genuine)

1 수

2 인간

3 가정

4 사회

5 교통

6 업무

7 쇼핑

8 스포츠/취미

9 자연

☐ **fake** [feik] 페이크 가짜의(false)

☐ **imitation** [ìmətéiʃən] 이머테이션 모조품(replica)

☐ **imitate** [ímətèit] 이미테잇 흉내내다, 모방하다(copy)

☐ **artificial** [ὰːrtəfíʃəl] 아티휘셜 인공적인(↔ natural 자연의)

☐ **precious** [préʃəs] 프레셔스 매우 귀중한(invaluable)

1 수

2 인간

3 가정

4 사회

5 교통

6 업무

7 쇼핑

8 스포츠/취미

9 자연

Unit 09 bakery 제과점

☐ **chocolate** [tʃákəlit]

차컬릿 초콜릿

☐ **sweets** [swiːts]

스위츠 사탕

☐ **cookies** [kúkiz] 쿠키즈

비스킷(biscuits)

My mom actually makes the best cookies.
엄마는 진짜 최고의 쿠키를 만든다.

☐ **potato chips**

[pətéitou ~] 포테이토우 칩스 감자칩

☐ **caramel** [kǽrəməl]

캐러멜 캐러멜

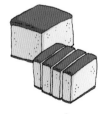

☐ **sponge cake** [spʌndʒ keik]

스펀지케익 카스텔라

☐ **muffin** [mʌ́fin] 머핀 머핀

☐ **birthday cake** [bə́ːrθdèi ~]
버쓰데이케익 생일 케이크

관련 단어

☐ **pudding** [púdiŋ] 푸딩 푸딩

☐ **bagel** [béigəl] 베이글 베이글

☐ **baguette** [bægét] 배겟 바게트

☐ **croissant** [krəsáːnt] 크러상트 크루아상

☐ **bread** [bred] 브레드 식빵

☐ **baker** [béikər] 베이커 제빵사

☐ **pastry** [péistri] 페이스트리 페이스트리

☐ **birthday candles** [~ kǽndlz] 버쓰데이캔들즈 생일 케이크 초

☐ **decoration** [dèkəréiʃən] 데커레이션 장식

☐ **slice** [slais] 슬라이스 빵조각
I want a slice of bread and butter.
버터 바른 빵 한 조각을 먹고 싶다.

☐ **crust** [krʌst] 크러스트 빵 껍질

☐ **loaf** [louf] 로우프 빵 덩어리

☐ **chewing gum** [tʃúːiŋ gum] 추잉검 껌

☐ **mint** [mint] 민트 박하(과자)

302

1 수

2 인간

3 가정

4 사회

5 교육

6 의무

7 쇼핑

8 스포츠/취미

9 지연

Good words

There is only one difference between a long life and a good dinner: that, in the dinner, the sweets come last.
-Robert Louis Stevenson-

장수와 좋은 만찬에는 한 가지 차이가 있다. 만찬에는 단것이 마지막에 나온다.
－로버트 루이스 스티븐슨－

I eat a lot of salad, a little meat, and some fruit. That's all. But I like sweets.
-Sophia Loren-

난 샐러드나 고기, 과일을 많이 먹는다. 그게 전부다. 하지만 좋아하는 건 단것이다.
－소피아 로렌－

I eat anything, especially sweets. Chocolate, cookies, and I love mint-chip ice cream.
-Mary McCormack-

난 단것이라면 뭐든 먹는다. 초콜릿, 쿠키 같은 것. 그리고 민트칩 아이스크림을 좋아한다.
－마리 맥코맥－

French fries. I love them. Some people are chocolate and sweets people. I love French fries. That and caviar.
-Cameron Diaz-

난 감자튀김을 좋아한다. 어떤 사람은 초콜릿이나 단것을 좋아한다. 난 감자튀김하고 캐비어를 좋아한다.
－카메론 디아즈－

Self Test 연 습 문 제

1 다음 그림을 영단어와 맞게 연결하세요.

suit   sneakers   shorts   evening dress   pants

2 다음 영어를 한글로 바꾸세요.

a) cashier _____   change _____

   wrinkle _____   shrink _____

b) sleeve _____   stain _____

   lining _____   vest _____

c) bowtie _____   bracelet _____

   mittens _____   dehumidifier _____

d) platinum _____   coral _____

   imitate _____   jade _____

3 다음 빈칸에 맞는 영단어를 쓰시오.

a) Your shirt is _____. 너 셔츠를 뒤집어 입었어.

b) That pants is _____ to you. 그 바지는 너한테 안 어울려.

c) Let me _____ the TV set. TV를 켜겠습니다.

d) I want _____ bread and butter.

버터 바른 빵 한 조각을 먹고 싶다.

4 다음 우리말을 영어로 바꾸세요.

a) 반품 불가 _____   환불 _____

통조림 _____   계피 _____

b) 식초 _____   추리닝 _____

탈의실 _____   양말 _____

c) 믹서 _____   가습기 _____

인공적인 _____   다리미 _____

d) 베이글 _____   머핀 _____

카스텔라 _____   빵 껍질 _____

 정답

Theme 8

sports/hobbies
스포츠/취미

Unit

01 individual sports 개인 스포츠

☐ **bowling** [bóuliŋ]

보울링 볼링

☐ **golf** [galf]

골프 골프

☐ **tennis** [ténis]

테니스 테니스

☐ **surfing** [sə́:rfiŋ]

서핑 서핑, 파도 타기

☐ **boxing** [báksiŋ] 박싱 권투

☐ **inline skating** 인라인 스케이팅

인라인 스케이트

☐ **badminton** [bǽdmintn]

뱃민턴 배드민턴

□ **fishing** [fíʃiŋ] 피싱 낚시
The fun of fishing is catching 'em, not killing 'em.
낚시의 재미는 잡는 것이지 죽이는 것이 아니다.

□ **ping-pong** [píŋpàŋ]
핑팡 탁구

□ **skiing** [skí:iŋ] 스키잉 스키

관련 단어

□ **pool** [pu:l] 풀 포켓볼
□ **athlete** [ǽθli:t] 애슬릿 운동 선수
□ **game** [geim] 게임 시합(단체 경기)
□ **match** [mætʃ] 매취 경기 (개인 경기)
□ **bout** [baut] 바웃 경기(격투기)
□ **cycling** [sáikliŋ] 사이클링 사이클
□ **horse back riding** 호스백 라이딩 승마
□ **go for a ride** 고우포러 라이드 승마하러 가다

1 수
2 인간
3 가정
4 사회
5 교통
6 업무
7 쇼핑
8 스포츠/취미
9 자연

309

□ **jogging** [dʒágiŋ] 좌깅 조깅

□ **skate boarding** [skeit bɔ́:rdiŋ] 스케이트보딩 스케이트보드 타기

□ **sky diving** [skai dáiviŋ] 스카이다이빙 스카이다이빙

□ **scuba diving** [skjú:bə~] 스쿠버다이빙 스쿠버다이빙

□ **wind surfing** [wind sɔ́:rfiŋ] 윈드서핑 윈드서핑

□ **snowboarding** [snoubɔ́:rdiŋ] 스노우보딩 스노보드타기

□ **extreme sport** 익스트림 스포트 극한스포츠

Is skydiving the most extreme sport?
스카이다이빙이 제일 극한 스포츠인가요?

□ **swimming** [swímiŋ] 스위밍 수영

□ **walking** [wɔ́:kiŋ] 워킹 걷기(산책)

□ **work out** [wə:rk aut] 워크아웃 헬스운동(weight lifting)

□ **acquired** [əkwáiərd] 어콰이어드 후천적인(↔ natural 선천적인)

□ **exceed** [iksí:d] 익씨드 능가하다, 초과하다(surpass)

□ **strength** [streŋkθ] 스트렝쓰 힘, 세기(energy, power)

□ **strong** [strɔ:ŋ] 스트롱 강한, 신체가 튼튼한(stout, sturdy)

□ **weak** [wi:k] 위 허약한, 연약한(fragile, frail)

□ **exhausted** [igzɔ́:stid] 익조스티드 지친, 피로한(tired)

Unit

02 team sports 단체 스포츠

☐ **baseball** [béisbɔ̀:l]

베이스볼 야구

☐ **soccer** [sákər] 사커

축구(football)

☐ **basketball** [bǽskitbɔ̀:l]

배스킷볼 농구

☐ **volleyball** [válibɔ̀:l]

발리볼 배구

☐ **rafting** [rǽftiŋ] 래프팅 래프팅

I used to be a rafting guide in
Gangwondo.
나는 강원도에서 래프팅 가이드였다.

1 수

2 인간

3 가정

4 사회

5 교통

6 업무

7 쇼핑

8 스포츠/취미

9 자연

□ **hockey** [háki] 하키 하키

□ **beach volleyball** 비치발리볼 비치발리볼

□ **handball** [hǽndbɔl] 핸드볼 핸드볼

□ **rugby** [rʌ́gbi] 럭비 럭비

□ **dodge ball** 다쥐볼 피구

□ **foot volleyball** 풋발리볼 족구

□ **stadium** [stéidiəm] 스테이디엄 경기장

□ **spectator** [spékteitər] 스펙테이터 관객(viewer), 구경꾼, 방관자
Everyone else was just a spectator.
다른 사람들은 그저 방관자였다.

□ **acrobatic play** [ækrəbǽtik ~] 애크러배틱 플레이 묘기

□ **intentional foul** [inténʃənl faul] 인텐셔널 파울 고의적 반칙

□ **cheer** [tʃiər] 치어 응원하다(support)

□ **shout** [ʃaut] 샤웃 외치다(yell)

□ **fair** [fɛər] 페어 공정한(↔ foul 부정한)

□ **active** [ǽktiv] 액팁 능동적인(↔ passive 소극적인)

312

03 sports equipment 스포츠 기구

- [ ] **soccer ball** [sákəːr ~] 사커볼 축구공
- [ ] **racket** [rǽkit] 래킷 라켓(테니스, 배드민턴의)
- [ ] **bat** [bæt] 뱃 배트
- [ ] **helmet** [hélmit] 헬밋 헬멧
- [ ] **mask** [mæsk] 매스크 마스크(face guard)
- [ ] **glove** [glʌv] 글러브 글러브
- [ ] **shoulder pads** [ʃóuldəːr pæz] 숄더패즈 어깨보호대
- [ ] **skate** [skeit] 스케잇 스케이트화; 스케이트 타다
  I can both ski and skate.
  나는 스키와 스케이트 다 탈 수 있다.
- [ ] **mountain boots** [máuntən buːts] 마운틴 부츠 등산화
- [ ] **mountain clothes** 마운틴 클로우시즈 등산복
- [ ] **fishing rod** [fíʃiŋ rɑd] 피싱랏 낚싯대
- [ ] **bait** [beit] 베이트 미끼
- [ ] **stopwatch** [stápwɑ̀tʃ] 스탑워치 스톱워치
- [ ] **wetsuit** [wetsuːt] 웻수트 잠수복
- [ ] **flipper** [flípər] 플리퍼 물갈퀴, 오리발
- [ ] **swimming goggles** 스위밍 고글즈 물안경
- [ ] **air cylinder** [ɛər sílindər] 에어 실린더 산소통
- [ ] **regulator** [régjəlèitəːr] 레귤레이터 호흡장치, 조절기
- [ ] **bowling ball** 볼링볼 볼링공

□ **bowling pin** 볼링핀 볼링핀

□ **bowling alley** 볼링앨리 볼링장
I went to a bowling alley with my girlfriend today.
나는 오늘 여친과 볼링장에 갔다.

□ **table tennis table** 테이블테니스 테이블 탁구대

□ **ping-pong ball** 핑팡볼 탁구공

□ **table tennis racket** 테이블테니스 래킷 탁구채

Unit
04 soccer 축구

2 인간

3 가정

4 사회

5 교통

6 업무

7 쇼핑

8 스포츠/취미

9 자연

□ **dribble** [dríbl]

드리블 드리블

□ **forward** [fɔ́:rwərd]

포워드 공격수(attacker)

□ **shot** [ʃat] 샷 슛

□ **goal** [goul] 고울 득점, 골

□ **foul** [faul] 파울 반칙; 더러운, 비열한

That man uses foul language.
저 남자는 저속한 말을 한다.

□ **referee** [rèfərí:] 레프리 주심

315

☐ **back pass** 백패스 백패스

☐ **off-side** [ofsáid] 옵사이드 오프사이드

☐ **free kick** 프리킥 프리킥

☐ **corner kick** 코너킥 코너킥

☐ **penalty kick** 페널티킥 페널티킥

☐ **goalkeeper** [gòulkí:pər] 골키퍼 골키퍼

☐ **defender** [diféndər] 디펜더 수비수(sweeper)

☐ **libero** [lí:bèirou] 리베이로우 리베로(수비수이면서 공격도 가담)

☐ **mid-fielder** [midfí:ldə] 미드필더 미드필더

☐ **coach** [koutʃ] 코우취 감독
  Our coach's advice saved us.
  우리 감독님의 조언이 우리를 살렸다.

☐ **center circle** 센터서클 중앙부 원

☐ **cross-bar** [krɔːsbɑːr] 크로스바 가로 골대

☐ **goal-post** [~ poust] 골포스트 골대 기둥

☐ **soccer shoes** 사커슈즈 축구화

☐ **counterattack** [káuntərətæk] 카운터어택 반격하다

☐ **mental** [méntl] 멘틀 정신적인(↔ physical 신체적인)

☐ **superior** [səpíəriər] 서피어리어 우수한(↔ inferior 열등한)

☐ **inexhaustible** [ìnigzɔ́:stəbl] 이닉조스터블
  지칠 줄 모르는, 끈기 있는(tireless)

☐ **emblem** [émbləm] 엠블럼 상징, 표상(symbol)

316

1 수

2 인간

3 가정

4 사회

5 교통

6 업무

7 쇼핑

8 스포츠/취미

9 자연

□ **caution** [kɔ́:ʃən] 코션 주심의 경고

□ **diving heading** 다이빙헤딩 몸을 날린 헤딩슛

□ **overlapping** [ouvərlǽpiŋ] 오우버래핑

미드필더나 수비수가 일시적으로 공격에 가담함

□ **own goal** 오운고울 자책골

□ **advantage rule** 엇밴티지 룰

반칙을 주면 반칙한 팀에게 유리한 경우에 그냥 진행시키는 것.

Good words

I always think that I would have become an actor if I hadn't been a soccer player.
-Pele-

만일 내가 축구 선수가 아니었다면 배우가 되었을 거라고 항상 생각한다.
—펠레—

No doubt, I am earning more money with my endorsements than I ever earned playing soccer.
-Pele-

분명히, 내가 축구 선수로 뛰어서 번 것보다 더 많은 돈을 보증 사인을 해서 벌고 있다.
—펠레—

05 baseball 야구

□ **steal a base** 스틸어 베이스

도루하다

□ **catch** [kǽtʃ] 캐취

잡다(↔ miss 놓치다)

□ **catcher** [kǽtʃər] 캐처 포수

□ **strikeout** [stráikàut]

스트라익아웃 삼진, 스트라이크아웃

□ **pitcher** [pítʃər] 피처 투수

He is the winning pitcher of today's game.

그는 오늘 경기의 승리 투수다.

□ **hit** [hit] 힛 안타

Ahn made a clean hit.

안선수가 깨끗한 안타를 쳤다.

318

관련 단어

- □ **baseball** [béisbɔ̀ːl] 베이스볼 야구공
- □ **Children's Baseball Stadium** 칠드런스 베이스볼 스테이디엄
  리틀야구장
- □ **baseball park** 베이스볼팍 야구경기장
- □ **home run** 홈런 홈런(homer)
- □ **hitting streak** 히팅 스트릭 연속 안타
- □ **single hit** 싱글힛 단타(a base hit)
- □ **two base hit** 투베이스힛 2루타
- □ **three base hit** 쓰리베이스힛 3루타
- □ **infield hit** 인필드힛 내야 안타
- □ **extra-base hit** 엑스트라 베이스힛 장타
- □ **base on balls** 베이스온 볼스 포볼
  He gave a base on balls to the batter.
  그는 타자에게 포볼을 허용했다.

- □ **first base man** 퍼스트 베이스맨 1루수
- □ **second baseman** 세컨 베이스맨 2루수
- □ **third base man** 써드 베이스맨 3루수
- □ **shortstop** [ʃɔ́ːrtstɑ̀p] 숏스탑 유격수
- □ **infielder** [ínfìːldər] 인필더 내야수
- □ **outfielder** [áutfìːldər] 아웃필더 외야수
- □ **center fielder** 센터 필더 중견수
- □ **left fielder** 렙트필더 좌익수

319

☐ **right fielder** 롸잇필더 우익수

☐ **batter** [bǽtər] 배터 타자(hitter)

☐ **double play** 더블 플레이 병살

☐ **ERA** 이알에이 방어율(earned run average)

☐ **batting average** 배팅 애버리쥐 타율

☐ **starting pitcher** 스타팅 피처 선발 투수(starter)

☐ **relief pitcher** 릴리프 피처 구원 투수(reliever)

☐ **closing pitcher** 클로징 피처 마무리 투수(closer)

Unit

06 volleyball 배구

☐ **net** [net] 넷 네트

☐ **attack line** 어택라인 공격 라인

☐ **service area** 서비스 에어리어 서브하는 위치

☐ **serve** [səːrv] 서브 서브

☐ **receive** [risíːv] 리시브 서브를 받기

☐ **toss** [tɔːs] 토스 토스, 위로 던지다
  Let's toss a coin.
  동전을 던져 결정하자.

☐ **spike** [spaik] 스파이크 스파이크, 내려치기

☐ **block** [blak] 블락 브로킹, 가로막기

☐ **mistake** [mistéik] 미스테익 실수(error, fault)

☐ **round of 16** 라운드어브 씩스틴 16강

☐ **quarterfinal** [kwɔ́ːrtərfáinl] 쿼터파이널 8강

☐ **semifinal** [sèmifáinl] 세미파이널 4강(final 4)

☐ **the final** [fáinl] 더파이널 결승전

☐ **finalist** [fáinəlist] 파이널리스트 결승진출자

☐ **winner** [wínər] 위너 승자, 우승자(champion)

☐ **win the cup** 윈 더 컵 우승컵을 차지하다(win the trophy)

☐ **award** [əwɔ́ːrd] 어워드 주다, 수여하다(donate)

☐ **visiting team** 비지팅팀 원정팀(away team)

☐ **home team** 호움팀 홈팀

□ **tie** [tai] 타이 무승부(draw)

□ **overtime** [óuvərtaim] 오우버타임 연장전, 야근
I got overtime pay.
야근 수당을 받았다.

□ **lose** [luːz] 루즈 패하다(be defeated)

□ **win** [win] 윈 이기다(beat, defeat, conquer)

1 수

2 인간

3 가정

4 사회

5 교통

6 업무

7 쇼핑

8 스포츠/취미

9 자연

□ **three pointer** 쓰리 포인터 3점슛

□ **free throw** 프리스로 자유투

□ **backboard** [bǽkbɔ̀ːrd] 백보드 백보드, 뒷판

□ **dunk shot** 덩크샷 덩크슛

□ **rebound** [ribáund] 리바운드 리바운드, 튄 공 잡기; 원래대로 돌아가다
Good or evil deeds rebound on oneself.
선행이나 악행이 나 자신에게 돌아온다.

□ **violation** [vàiəléiʃən] 바이얼레이션 파울이 아닌 반칙

□ **buzzer beater** 버저비터 종료 순간 인정되는 득점

□ **screen play** 스크린 플레이 스크린플레이

□ **steal** [stiːl] 스틸 공 빼앗기

□ **offense** [əféns] 어펜스 공격, 위반(↔ defense 방어, 수비)

□ **fast break** 패스트브레익 역습, 속공

□ **alley-oop** 앨리웁 앨리웁, 고공패스

□ **NBA** 엔비에이 미프로 농구(National Basketball Association)

□ **baseline** [béislàin] 베이스라인 엔드라인

□ **3 sec rule** 쓰리섹 룰 3초룰

□ **rim net** 림넷 골망

□ **lay-up** 레이업 레이업슛

□ **no-look pass** 노우룩패스 노룩 패스

□ **bounce** [bauns] 바운스 공이 튕기다

There is no such thing as a perfect basketball player, and I don't believe there is only one greatest player either.
-Michael Jordan-

완전무결한 농구 선수같은 것은 없다. 가장 위대한 유일한 선수가 있다는 것도 믿지 않는다.
—마이클 조던—

When I was young, I had to learn the fundamentals of basketball. You can have all the physical ability in the world, but you still have to know the fundamentals.
-Michael Jordan-

내가 어릴 때 농구의 기본을 배워야 했다. 다들 신체적 능력은 전부 가질 수 있다. 하지만 기본기는 여전히 알아야 한다.
—마이클 조던—

Unit

08 pool 수영장

☐ **swimmer** [swímər]

스위머 수영 선수

☐ **warming up**

워밍업 준비 운동

☐ **dive** [daiv] 다이브 다이빙(하다)

She made a deep dive into the water.
그녀는 물 속 깊이 잠수했다.

☐ **swim suit** [swim su:t]

스윔수트 수영복

☐ **tube** [tju:b] 튜브 튜브

☐ **swim glasses** [swim glǽsiz]

스윔글래시즈 물안경(swim goggles)

325

☐ **dive stand** [daiv stænd] 다이브스탠드 점프대

☐ **swimming style** 스위밍 스타일 영법(swimming form)

☐ **freestyle** [frí:stail] 프리스타일 자유형

☐ **backstroke** [bǽkstròuk] 백스트로욱 배영

☐ **breaststroke** [bréststròuk] 브레스트 스트로욱 평영

☐ **butterfly stroke** [bʌ́tərflài ~] 버터플라이 스트로욱 접영

☐ **swim cap** [swim kæp] 스윔캡 수영모

☐ **lifeguard** [láifgà:rd] 라이프가드 안전요원

☐ **beach ball** [bi:tʃ~] 비치볼 비치볼

☐ **water slide** [wɔ́:tər ~] 워터슬라이드 미끄럼틀

☐ **tanning** [tǽniŋ] 태닝 선탠

☐ **lane** [lein] 레인 레인

☐ **life-vest** [laifvest] 라이프베스트 구명조끼

A life vest is located under the seat.
구명조끼는 좌석 아래에 있습니다.

☐ **sun bed** [sʌnbed] 썬베드 일광욕용 침대

☐ **cramp** [kræmp] 크램프 쥐, 경련

☐ **deep end** [di:p ~] 딥엔드 깊은 곳

☐ **safety** [séifti] 세이프티 안전(↔ danger 위험)

1 수

2 인간

3 가정

4 사회

5 교통

6 업무

7 쇼핑

8 스포츠/취미

9 자연

Unit

09 golf 골프

☐ **flag** [flæg] 플랙 깃발

☐ **swing** [swiŋ] 스윙
스윙하다

☐ **putter** [pʌ́tər]
퍼터 퍼터

☐ **stance** [stæns]
스탠스 스탠스

☐ **bunker** [bʌ́ŋkəər] 벙커 모래로 된 장애 구역
It took just a stroke to get out of the
bunker.
벙커를 탈출하는데 단 1타가 소요되었다.

327

☐ **wedge** [wedʒ]

웨지 웨지

관련 단어

☐ **green** [griːn] 그린 그린

☐ **golfer** [gálfər] 갈퍼 골퍼

☐ **handicap** [hǽndikæ̀p] 핸디캡 핸디, 불리한 조건

☐ **hole** [houl] 홀 구멍, 홀

☐ **golf course** [~ kɔːrs] 갈프코스 골프장

☐ **teeing ground** 티잉 그라운드 출발 구역

☐ **rough** [rʌf] 러프 잡초, 관목지역

☐ **hazard** [hǽzərd] 해저드 장애물(obstacle)

☐ **golf shoes** [~ʃuːz] 골프슈즈 골프화

☐ **golf club** 골프클럽 골프채

☐ **wood** [wud] 우드 우드

☐ **iron** [áiərn] 아이언 아이언

☐ **putt** [pʌt] 퍼트 퍼트하다, 가볍게 치다

☐ **tee off** 티오프 티샷을 하다

☐ **drive** [draiv] 드라이브 멀리 쳐 보내다

☐ **chip** [tʃip] 칩 칩샷을 치다

328

1 수

2 인간

3 가정

4 사회

5 교통

6 업무

7 쇼핑

8 스포츠/취미

9 자연

☐ **par** [pɑːr] 파 파

☐ **over par** 오버파 오버파

☐ **under par** 언더파 언더파

☐ **hole-in-one** [houlinwʌn] 홀인원 홀인원
I'd like to get a hole-in-one some day.
언젠가 홀인원을 기록하고 싶다.

☐ **caddy** [kǽdi] 캐디 캐디

10 gym 실내체육관

□ **dumbbell** [dʌ́mbèl]

덤벨 아령

□ **barbell** [bɑ́ːrbèl]

바벨 역기

□ **personal trainer**
[pə́ːrsənəl ~] 퍼스널 추레이너

개인코치

□ **chin-up** [tʃínʌp] 친업

턱걸이(pull-up)

□ **treadmill** [trédmìl] 트레드밀 러닝머신, 단조로운 일
The treadmill she bought has been collecting dust.
그녀가 구입한 러닝머신은 먼지만 쌓이고 있다.

1 수

2 인간

3 가정

4 사회

5 교통

6 업무

7 쇼핑

8 스포츠/취미

9 지역

□ **push-up** [puʃʌp] 푸섭
팔굽혀 펴기

□ **sit-up** [sitʌp] 싯업
윗몸 일으키기

관련 단어

□ **gym machine** [ʤim ~] 짐머신 실내 운동 기구

□ **weight lifting** [~ líftiŋ] 웨이트 리프팅 역기들기

□ **exercise bike** [éksərsàiz ~] 엑서사이즈 바이크 고정 사이클

□ **stretch** [stretʃ] 스트레치 스트레칭, 펼치다
I can't stretch my left leg.
왼쪽 다리를 쭉 펼 수가 없다.

□ **skipping** [skipiŋ] 스키핑 줄넘기

□ **vest** [vest] 베스트 러닝셔츠

□ **aerobics** [ɛəróubiks] 에어로우빅스 에어로빅

□ **squat** [skwat] 스콰 스쿼트

□ **train** [trein] 추레인 단련하다

□ **warm-up** [wɔ́:rmʌ̀p] 웜업 준비 운동하다

☐ **embroidery**
[embrɔ́idəri]

엠브로이더리 자수

☐ **go** [gou]

고우 바둑

☐ **reading** [ríːdiŋ]

리딩 독서

☐ **model making**

마들메이킹 모형 제작

☐ **chess** [tʃes]

체스 체스, 서양장기

☐ **knitting** [nítiŋ]

니팅 뜨개질

☐ **origami**
[óriɡɑːmi] 오리가미

종이접기

☐ **photography**
[fətáɡrəfi] 퍼타그러피

사진 촬영

☐ **pottery** [pátəri]

파터리 도예

1 수

2 인간

3 가정

4 사회

5 교통

6 업무

7 쇼핑

8 스포츠/취미

9 자연

□ **astronomical observation**
[æstrənámikəl ~] 애스트러나미컬 업저베이션

천체 관측

□ **calligraphy** [kəlígrəfi] 캘리그라피 서예
I went to a calligraphy exhibition.
나는 서예 전시회에 갔다.

관련 단어

□ **listening to music** 리스닝투 뮤직 음악 감상

□ **put together** 조립하다, 모으다(↔ take apart 분해하다)
Can you put together all the documents today?
오늘 자료를 모두 모을 수 있습니까?

□ **quilting** [kwíltiŋ] 퀼팅 바느질

□ **craft** [kræft] 크래프트 공예

□ **cooking** [kúkiŋ] 쿠킹 요리

□ **stamp collecting** [~ kəléktiŋ] 스템프 컬렉팅 우표 수집

□ **jigsaw puzzle** [dʒígsɔ̀ː~] 직소퍼즐 조각 퍼즐

□ **fishing** [fíʃiŋ] 피싱 낚시

□ **animation** [ænəméiʃən] 애니메이션 애니메이션, 만화영화

□ **interested** [íntərəstid] 인터리스팃 관심이 있는(↔ indifferent 무관심한)

□ **gather** [gǽðər] 게더 모으다(↔ scatter 흩뜨리다)

□ **beginner** [bigínər] 비기너 초보자(novice)

Dialogue

A: What do you usually do for fun?
보통 취미로 뭘하세요?

B: I like to play the game of go.
바둑 두기를 좋아해요.

A: Sounds great. Do you play it very often?
멋져요. 얼마나 자주 하세요?

B: I play that every day.
매일 해요.

*like to: ～하기 좋아하다

Good words

When I was a kid, I was always drawing things. I'd get butcher paper or grocery bags and draw on them.
-Charles Bronson-

꼬마였을 때 나는 항상 그림을 그렸다. 정육점 종이나 식료품 봉투에도 그림을 그렸다.
–찰스 브론슨–

1 수

2 인간

3 가정

4 사회

5 교통

6 연무

7 쇼핑

8 스포츠/취미

9 자연

Unit
12 card game 카드게임

□ **ace** [eis] 에이스
에이스(A)

□ **king** [kiŋ]
킹 킹(K)

□ **queen** [kwi:n]
퀸 퀸(Q)

□ **jack** [dʒæk]
잭 잭(J)

□ **club** [klʌb]
클럽 클로버(♣)

□ **joker** [dʒóukər]
조우커 조커(JOKER)

□ **diamond** [dáiəmənd]
다이어먼드 다이아몬드(◆)

□ **heart** [hɑːrt]
하트 하트(♥)

□ **spade** [speid]
스페이드 스페이드(♠)

He always calls a spade a spade.
그는 항상 곧이곧대로 말한다.

□ **shuffle** [ʃʌ́fəl] 셔플 카드를 섞다

□ **deal** [diːl] 딜 카드를 배분하다

Whose turn is it to deal?

누가 패를 돌릴 차례인가?

□ **card** [kɑːrd] 카즈 트럼프

□ **a pack of cards** 어 팩어브 카즈 카드 한 벌

□ **suit** [suːt] 수트 같은 짝의 패

□ **high end** 하이엔드 숫자가 높은 한 장

□ **one pair** 원페어 같은 숫자 한 쌍

□ **two pairs** 투페어즈 같은 숫자 두 쌍

□ **three of a kind** 스리업 어카인드 스리카드, 숫자가 같은 세 장(Trips)

□ **straight** [streit] 스트레이트 연속 숫자 다섯 장

□ **flush** [flʌʃ] 플러쉬 무늬가 같은 다섯 장

□ **full house** 풀하우스 원페어+스리카드

□ **four of a kind** 포어버 카인드 같은 숫자 네 장(Quads)

□ **straight flush** 스트레이트 플러쉬 같은 무늬의 연속 숫자 다섯 장

□ **royal flush** 로열플러쉬 무늬가 같은 것으로 A, K, Q, J, 10.

336

□ **win** [win] 윈 이기다

□ **lose** [luːz] 루즈 지다

□ **bet** [bet] 벳 내기

□ **turn** [təːrn] 턴 차례

□ **bluff** [blʌf] 블러프 좋은 패를 가장하여 베팅하기, 허세

Jokes

A: What is the difference between praying in a casino and in a church?

카지노에서 기도하는 것과 교회에서 기도하는 것의 차이는 뭔가요?

B: In a casino you really mean it.

카지노에서 하는 기도는 진짜 진심이다.

*mean it: 진심을 말하다

A: What's the difference between poker players and politicians?

포커 도박꾼과 정치인의 차이는 무엇인가?

B: Politicians tell the truth.

정치인은 진실을 말한다.

Unit

13 fortunetelling 점보기

- [ ] **fortune** [fɔ́ːrtʃən] 포천 운세(luck), 재산

- [ ] **fortuneteller** [fɔ́ːrtʃəntelər] 포천텔러 점쟁이, 역술인

- [ ] **foretell** [fɔrtél] 포어텔 예언하다(predict)

- [ ] **superstition** [sùːpərstíʃən] 수퍼스티션 미신
  I have no faith in the silly superstitions.
  나는 바보 같은 미신은 믿지 않는다.

- [ ] **shaman** [ʃáːmən] 샤먼 무당, 마술사

- [ ] **the lines of the hand** 더 라인즈업더 핸드 손금

- [ ] **physiognomy** [fìziágnəmi] 휘지악너미 관상(face reading), 인상

- [ ] **fate** [feit] 풰잇 운명, 팔자(destiny)

- [ ] **marital harmony** 메리털 하머니 결혼 궁합

- [ ] **match made in heaven** 매취 메잇 인헤븐 천생연분(perfect match)
  You are a match made in heaven.
  너희는 천생연분이다.

- [ ] **horoscope** [hɔ́ːrəskòup] 호러스코웁 별자리 운세

- [ ] **tarot card** 타로우카드 타로 카드

- [ ] **astrology** [əstrálədʒi] 어스트랄러쥐 점성술

- [ ] **astrological sign** [æstrəládʒikəl ~] 애스트럴라지컬 사인

  별자리(Zodiac sign)

  · **Aquarius** [əkwériəs] 어퀘어리어스 물병자리(01/20~02/18)

  · **Pisces** [páisiːz] 파이시즈 물고기자리(02/19~03/20)

  · **Aries** [ɛ́əriːz] 에어리즈 양자리(03/21~04/19)

- **Taurus** [tɔ́ːrəs] 토러스 황소자리(04/20~05/20)
- **Gemini** [dʒémənài] 제머나이 쌍둥이자리(05/21~06/21)
- **Cancer** [kǽnsər] 캔서 게자리(06/22~07/22)
- **Leo** [líːou] 리오 사자자리(07/23~08/22)
- **Virgo** [vɔ́ːrgou] 붜고우 처녀자리(08/23~09/23)
- **Libra** [líːbrə] 리브러 천칭자리(09/24~10/22)
- **Scorpio** [skɔ́ːrpiòu] 스콜피오우 전갈자리(10/23~11/22)
- **Sagittarius** [sædʒətéəriəs] 새지테리어스 사수자리(11/23~12/24)
- **Capricorn** [kǽprikɔ̀ːrn] 캐프리콘 염소자리(12/15~01/19)

12지(**Chinese Zodiacs** 차이니즈 조디액스)

- 쥐띠(子)–**rat** [ræt] 랫
- 소띠(丑)–**ox** [aks] 악스(황소)
- 범띠(寅)–**tiger** [táigər] 타이거
- 토끼띠(卯)–**rabbit** [rǽbit] 래빗
- 용띠(辰)–**dragon** [drǽgən] 드래건
- 뱀띠(巳)–**snake** [sneik] 스네익
- 말띠(午)–**horse** [hɔːrs] 호스
- 양띠(未)–**sheep** [ʃiːp] 쉽
- 원숭이띠(申)–**monkey** [mʌ́ŋki] 멍키

  My Chinese zodiac sign is the monkey.
  저는 원숭이띠입니다.

- 닭띠(酉)–**rooster** [rúːstər] 루스터(수탉)
- 개띠(戌)–**dog** [dɔːg] 독
- 돼지띠(亥)–**pig** [pig] 픽

1 수

2 인간

3 가정

4 사회

5 교통

6 업무

7 소비

8 스포츠/취미

9 자연

□ **sightseeing** [sáitsì:iŋ]

사잇씨잉 관광

□ **tourist** [túərist]

투어리스트 관광객(traveler)

□ **night tour** 나잇투어

야간 관광

□ **observatory**

[əbzə́:rvətɔ̀:ri] 옵저베이터리 전망대

□ **souvenir** [sù:vəníə:r]

수버니어 기념품

1 수

2 인간

3 가정

4 사회

5 교통

6 업무

7 쇼핑

8 스포츠/취미

9 자연

관련 단어

□ **unfold** [ʌnfóuld] 언포울드 펼치다, 펴다
Please unfold the tourist map.
관광 지도를 펼쳐주세요.

□ **day trip** 데이추립 당일 여행

□ **works of art** 웍스 오브 아트 예술품

□ **travel agency** 추레벌 에이전시 여행사

□ **off season** 오프시즌 비수기(slow season)

□ **peak season** 픽시즌 성수기(busy season)

□ **tour guide** 투어가이드 관광안내원(courier)

□ **package tour** 패키지 투어 패키지 관광

□ **reservation** [rèzəːrvéiʃən] 레저베이션 예약

□ **vacation** [veikéiʃən] 베이케이션 휴가, 방학

□ **overseas travel** 오버씨즈 추레벌 해외여행

□ **tourist bus** 투어리스트 버스 관광버스

□ **baggage** [bǽgidʒ] 배기지 짐, 수하물(luggage)
Will you keep my baggage?
제 가방을 맡아 주시겠어요?

□ **backpacking** [bǽkpækiŋ] 백패킹 배낭여행

□ **cruise** [kruːz] 크루즈 선박 여행

□ **seasickness** [síːsìknis] 씨식니스 뱃멀미

□ **historic site** [histɔ́ːrik sait] 히스토릭 사잇 역사 유적지

□ **unforgettable** [ənfərgétəbəl] 언포게터블 잊을 수 없는, 기억에 남는

341

☐ **remembrance** [rimémbrəns] 리멤브런스 기억, 추억, 기념(memory)

☐ **recall** [rikɔ́ːl] 리콜 추억을 떠올리다, 상기시키다(recollect)

☐ **must-see** [məstsiː] 머스트씨 꼭 봐야 할 것

15 museum 박물관

☐ **immortal** [imɔ́ːrtl] 이모틀 불멸의, 사라지지 않는(eternal)

☐ **exhibit** [igzíbit] 익지빗 전시하다, 공개하다(show, display)

☐ **exhibition** [èksəbíʃən] 엑서비션 전시, 전시회, 전람회

☐ **special exhibition** 스페셜 엑서비션 특별전

☐ **diorama** [dàiərǽmə] 다이어래머 입체 축소 모형

There is a railroad diorama at the exhibition.
전시회에 철도 모형이 하나 있습니다.

☐ **impressionism** [impréʃənìzm] 임프레셔니즘 인상파, 인상주의

☐ **surrealism** [səríːəlìzm] 서리얼리즘 초현실주의

☐ **romanticism** [roumǽntəsìzm] 로우맨티시즘 낭만주의

☐ **classicism** [klǽsəsìzm] 클래시시즘 고전주의

☐ **cubism** [kjúːbizm] 큐비즘 입체파

☐ **abstract painting** 앱스트랙트 페인팅 추상화

☐ **modern art** 모던 아트 현대미술

Misuk has an eye for modern art.
미숙이는 현대미술에 식견이 있다.

☐ **appreciate** [əpríːʃièit] 어프리쉬에잇 감상하다, 평가하다, 감사하다

☐ **art museum** [áːrt mjuːzìːəm] 아트 뮤지엄 미술관(art gallery)

☐ **work** [wəːrk] 웍 작품(piece)

☐ **picture** [píktʃər] 픽쳐 그림(painting)

☐ **sculpture** [skʌ́lptʃər] 스컬프쳐 조각 작품

☐ **masterpiece** [mǽstərpis] 매스터피스 걸작품(masterwork)

□ **master** [mǽstər] 매스터 거장(great artist)

□ **opening time** 오프닝타임 개관 시간

□ **closing time** 클로징타임 폐관 시간

□ **curator**[kjuəréitər] 큐어레이터 전시 책임자

Good words

It's a lovely experience walking around a museum by yourself.
-Brad Pitt-

박물관을 혼자서 둘러보는 것은 멋진 경험이다.
−브래드 피트−

Unit 16 sea bathing 해수욕

2 인간

3 가정

4 사회

5 교통

6 업무

7 쇼핑

8 스포츠취미

9 자연

☐ **sunglasses** [sʌ́nglæsiz]

썬글래시즈 선글라스(꼭 복수형으로 말함)

☐ **beach umbrella**

비치 엄브렐러 비치 파라솔

☐ **bikini** [bikí:ni] 비키니 비키니 수영복

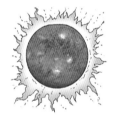

☐ **sun** [sʌn]

썬 태양

☐ **sunscreen**
[sʌ́nskrì:n]

썬스크린 선탠 크림

☐ **seashell** [sí:ʃel]

씨쉘 조개

☐ **wave** [weiv] 웨이브 파도

A wave of fear swept over her.
두려움의 파도가 그녀를 휩쓸었다.

☐ **tube** [tju:b]

튜브 튜브

□ **sea** [si:] 씨 바다

□ **beach** [biːtʃ] 비취 해안(coast), 강변

□ **sunbath** [sʌ́nbæ̀θ] 썬배쓰 일광욕

□ **broad-brimmed cap** 브로드 브림드 캡 차양이 넓은 모자

□ **sand** [sænd] 샌드 모래

□ **beach ball** 비치볼 비치볼

□ **sea gull** [síːgʌl] 씨걸 갈매기

A sea gull that has no dreams is not special.
아무런 꿈도 없는 갈매기는 특별하지 않아.

□ **sunrise** [sʌ́nràiz] 썬라이즈 일출

□ **sunset** [sʌ́nsèt] 썬셋 일몰

□ **flow** [flou] 플로우 만조(밀물)

□ **ebb** [eb] 엡 간조(썰물)

Good words

"Holiday? Is like, what? I'm a hyperactive girl, so it may be boring for me to be on the beach doing nothing. I just need to find a place for three weeks and work but sleep in the morning, maybe write a little bit, have a glass of red wine. That's my perfect holiday."

–Melanie Laurent-

휴가요? 내가 너무 활동적인 여자니까 해변에서 아무것도 안하고 있기엔 지루해요. 난 그저 3주동안 일도하고 잠자고 글도 조금 쓰고 적포도주도 마실 공간이 필요해요. 그게 내 완벽한 휴일입니다.

–멜라니 로렌트–

17 TV 텔레비전

1 수

2 인간

3 가정

4 사회

5 교통

6 업무

7 쇼핑

8 스포츠·취미

9 자연

☐ TV channel [~ tʃǽnl]

티뷔 채늘 TV채널

☐ host [houst] 호우스트 TV쇼 진행자,

사회자(남자, 여자는 hostess)

☐ sports broadcasting

스포츠 브로드캐스팅 스포츠 중계

☐ narrator [næréitər]

내레이터 해설자

☐ comedian [kəmí:diən]

코미디언 개그맨

347

□ **commercial** [kəmə́ːrʃəl] 커머셜 광고 CF
A pretty girl dances beautifully in this commercial.
이 CF에서 예쁜 아가씨가 아름답게 춤을 춘다.

관련 단어

□ **pre-recorded** [prìːrikɔ́ːrdid] 프리리코디드 녹화방송

□ **live coverage** 라이브 커버리지 생중계

□ **mass media** 매스 미디어 매스컴

□ **high-definition TV** [hai dèfəníʃən ~] 하이데퍼니션 티뷔 고화질TV

□ **newscast** [njúːzkæst] 누즈캐슷 뉴스 프로

□ **newscaster** [njúːzkæstər] 누즈캐스터 뉴스 프로 진행자

□ **disclose** [disklóuz] 디스클로우즈 폭로하다, 밝히다(expose)

□ **prime time** [praim taim] 프라임타임 황금 시간대(peak time)

□ **entertain** [èntərtéin] 엔터테인 즐겁게하다(amuse)

□ **entertainer** [èntərtéinər] 엔터테이너 연예인

□ **band** [bænd] 밴드 그룹사운드

□ **movie cartoon** [múːvi kɑːrtúːn] 무비 카툰 만화영화

□ **sitcom** [sítkàm] 싯캄 시트콤, 코믹드라마
I liked the sitcom Friends.
나는 프렌즈라는 시트콤을 좋아했다.

□ **soap opera** [soup ápərə] 소웁 아퍼러 연속극

□ **episode** [épəsòud] 에피소우드 드라마 1회분, ~화

1 수

2 인간

3 가정

4 사회

5 교통

6 업무

7 쇼핑

8 스포츠/취미

9 지역

□ **dubbing artist** 더빙 아티스트 더빙하는 성우

□ **singer** [síŋər] 싱어 가수

□ **must-see** [məstsiː] 머스트씨 꼭 봐야 하는 것

□ **live** [laiv] 라이브 생방송의

□ **rerun** [ríːrʌn] 리런 재방송

□ **exclusive interview** [iksklúːsiv ~] 익스클루시브 인터뷰 독점 인터뷰

□ **terrestrial broadcasting** [təréstriəl ~] 터레스트리얼 브로드케스팅
지상파 방송

□ **cable television** 케이블 텔리뷔전 유선 방송, 케이블TV

□ **rating** [réitiŋ] 레이팅 시청률, 청취율

□ **talk show** 톡쇼우 토크쇼

Good words

Life's not about sitting at home in front of the TV waiting for
your life to begin. Get out there and take some chances.
-Queen Latifah-

인생이란 집안에 편히 앉아 티비를 보며 기다리면 당신 인생이 방영되는 것이
아니다. 밖에 나가서 기회를 잡아라!
-퀸 라티파-

We don't have friends, so we watch 'Friends' on TV.
-Chuck Palahniuk-

우리는 친구가 없기 때문에 TV 시트콤 '프렌즈'를 시청한다.
-척 팰러니욱-

349

18 movie 영화

□ **movie theater** [~θíətə:r]
무비 씨어터 영화관

□ **screen** [skri:n] 스크린 영화 스크린

□ **seat** [si:t] 씨트 좌석

□ **audience** [ɔ́:diəns] 오디언스 관객

□ **popcorn** [pápkɔ̀:rn] 팝콘 팝콘

□ **box office** [bɑks ɔ́:fis] 박스어피스
매표소, 판매대

Her last movie was quite a good box-office hit.
그녀의 지난 영화는 상당한 성공작이었다.

□ **actor** [ǽktər] 액터 남자 배우

□ **actress** [ǽktris] 엑트리스 여자 배우

□ **director** [diréktər]
디렉터 감독

□ **tragedy** [trǽdʒədi]

트레저디 비극

□ **refreshment stand**

[rifréʃmənt ~] 리프레쉬먼트 스탠드 매점

관련 단어

□ **billboard** [bílbɔ̀ːrd] 빌보드 포스터, 광고판

□ **reserved seat** [rizɔ́ːrvd ~] 리저브드 시트 예약석

□ **role** [roul] 로울 역할

□ **trailer** [tréilər] 추레일러 예고편(preview)

□ **horror** [hɔ́ːrər] 호러 공포물

□ **comedy** [kámədi] 카머디 코미디

□ **romantic comedy** 로우맨틱 카머디 로맨틱 코미디(romcom)

□ **thriller** [θrilə] 스릴러 스릴러물

□ **science fiction** [sáiəns ~] 사이언스 픽션 공상과학물

□ **unsuccessful** [ənsəksésfəl] 언석세스펄 실패한, 성공하지 못한

　Terminator 3 was an unsuccessful movie.
　터미네이터3는 성공하지 못한 영화였다.

□ **adult film** [ədʎlt ~] 어덜트필름 성인영화(R-rated movie)

□ **disaster film** [dizǽstər ~] 디재스터 필름 재난영화

□ **subtitles** [sʌ́btaitəlz] 섭타이틀즈 자막

1 수
2 인간
3 가정
4 사회
5 교통
6 업무
7 쇼핑
8 스포츠/취미
9 지연

☐ **dubbing** [dʌ́biŋ] 더빙 더빙(다른 언어로 녹음함)

☐ **monologue** [mɑ́nəlɔ̀ːg] 마널록 독백(↔ dialogue 대화)

☐ **in the running** 인더 러닝 상영중

☐ **film festival** 필름 페스티벌 영화제

☐ **fantasy** [fǽntəsi] 팬터시 환상, 공상(fancy, daydream)

☐ **vivid** [vívid] 비비드 생생한(picturesque)

☐ **unnatural** [ənnǽtʃərəl] 언내춰럴 부자연스러운(↔ natural 자연스러운)

Jokes

A: Why did Katie Holmes stop pretending to be in love and divorce Tom Cruise?

케이티 홈즈가 톰 크루즈를 사랑하는 척하는 걸 그만두고 이혼한 이유는 뭔가요?

B: Because it was 'Mission: Impossible.'

왜냐하면 그건 '미션임파서블'이기 때문에.

*pretend to~: ~하는 척하다, 가장하다
*Mission: Impossible: 톰 크루즈의 영화 제목, 불가능한 임무

Unit

19 concert 연주회

□ **orchestra** [ɔ́ːrkəstrə]

오커스트러 관현악단

□ **conductor** [kəndʌ́ktər]

컨덕터 지휘자, 전도체

He was a famous conductor.
그는 유명한 지휘자였다.

□ **baton** [bǽtən] 배턴 지휘봉

□ **podium** [póudiəm] 포우디엄

지휘대

□ **score** [skɔːr] 스코어 악보

□ **piano** [piǽnou]

피애노우 피아노

□ **violin** [vàiəlín]

봐이얼린 바이올린

□ **cello** [tʃélou]

첼로우 첼로

353

1 수

2 인간

3 가정

4 사회

5 교통

6 업무

7 쇼핑

8 스포츠취미

9 자연

☐ **trombone** [trɑmbóun]

트람보운 트럼본

☐ **trumpet** [trʌ́mpit]

트럼핏 트럼펫

☐ **drum** [drʌm] 드럼 드럼

☐ **drummer** [drʌ́mər]

드러머 드럼 연주자

☐ **guitar** [gitá:r] 기타 기타

☐ **guitarist** [gitá:rist] 기타리스트

기타 연주자

Eric Clapton is a very famous guitarist.
에릭 클랩턴은 아주 유명한 기타 연주자다.

관련 단어

☐ **symphony** [símfəni] 심퍼니 교향곡

☐ **musician** [mju:zíʃən] 뮤지션 연주자

☐ **viola** [váiələ] 바이얼러 비올라

☐ **bassist** [béisist] 베이시스트 베이시스트

☐ **chamber** [tʃéimbər] 채임버 현악단

☐ **ensemble** [ɑːnsɑ́ːmbəl] 앙삼벌 앙상블

☐ **classical music** 클래시컬 뮤직 클래식 음악

☐ **popular music** 파퓰러 뮤직 대중음악

☐ **tenor** [ténər] 테너 테너 가수

☐ **soprano** [səprǽnou] 서프래노우 소프라노

☐ **alto** [ǽltou] 앨토우 알토

☐ **baritone** [bǽrətòun] 배러토운 바리톤

☐ **bass** [beis] 베이스 베이스

☐ **solo** [sóulou] 소울로우 독창, 솔로

☐ **duet** [djuːét] 두엣 합주, 이중창

☐ **chorus** [kɔ́ːrəs] 코러스 합창
The song started with the chorus.
노래는 합창으로 시작되었다.

☐ **trio** [tríːou] 트리오우 3인조, 3중창

☐ **quartet** [kwɔːrtét] 쿼르텟 4중주, 4인조

☐ **quintet** [kwintét] 퀸텟 5중주, 5인조

☐ **sextet** [sekstét] 섹스텟 6중주, 6인조

☐ **wind instrument** 윈드 인스트루먼트 관악기

☐ **string instrument** 스트링 인스트루먼트 현악기

☐ **keyboard instrument** 키보드 인스트루먼트 건반악기

☐ **percussion** [pərkʌ́ʃən] 퍼커션 타악기

☐ **tune** [tjuːn] 튠 곡조, 멜로디(melody)

1 수

2 인간

3 가정

4 사회

5 교통

6 음무

7 쇼핑

8 스포츠취미

9 자연

The people who know nothing about music are the ones always talking about it. -Nat King Cole-
음악을 전혀 모르는 사람들이 항상 음악에 관해 떠든다. –냇 킹 콜–

Music is the mediator between the spiritual and the sensual life. -Ludwig van Beethoven-
음악은 정신세계와 물질세계 사이의 매개체다. –베토벤–

Music is my religion. -Jimi Hendrix-
음악은 나의 종교다. –지미 헨드릭스–

Jokes

Q: What do you call a successful guitarist?
성공한 기타 연주자란 어떤 사람인가요?

A: A guy whose wife has 2 jobs.
두 가지 일을 하는 아내를 가진 사람입니다.

*기타 연주만 해서는 먹고살기 힘든가 봅니다.

Q: What kind of music are balloons afraid of?
풍선이 두려워하는 음악은 어떤 건가요?

A: Pop music
팝 음악입니다.

*말장난을 이용한 조크입니다. pop은 '펑'하고 터지는 의성어를 나타냅니다.

Unit

20 amusement park 놀이공원

1 수

2 인간

3 가정

4 사회

5 교통

6 업무

7 쇼핑

8 스포츠/취미

9 자연

□ **zoo** [zuː] 주 동물원

□ **Ferris wheel** [féris hwiːl]

훼리스 휠 회전 관람차

□ **roller coaster**
[róulər kóustər] 롤러코스터

롤러코스터

□ **merry-go-round**
[mérigouràund] 메리고우라운드

회전목마

□ **balloon** [bəlúːn] 벌룬 풍선

□ **crown** [kraun] 크라운 광대

357

□ **snack bar** [snæk bɑːr]

스낵바 매점

□ **cotton candy**

[kátn kǽndi] 카튼캔디 솜사탕

□ **ride** [raid] 라이드 놀이 기구, 탈것(통틀어서 말함)

□ **attraction** [ətrǽkʃən] 어트랙션 인기물(시설), 명소, 매력
The Legend of Mythica was a popular attraction.
미시카의 전설은 아주 인기 명소였다.

□ **haunted house** 혼티드 하우스 유령의 집

□ **fireworks** [faiərwəːrks] 화이어웍스 불꽃놀이

□ **track** [træk] 트랙 트랙

□ **parade** [pəréid] 퍼레이드 퍼레이드, 행진

□ **information center** [ìnfərméiʃən séntər] 인포메이션 센터 안내소

□ **botanical garden** [bətǽnikəl gáːrdn] 버태니컬 가든 식물원

□ **garden** [gáːrdn] 가든 정원

□ **located** [lóukeitid] 로우케이팃 위치한, 자리한(situated)
Disney Sea is located on the sea.
디즈니씨는 바닷가에 위치하고 있다.

□ **slide** [slaid] 슬라이드 미끄럼틀

358

1 수

2 인간

3 가정

4 사회

5 교통

6 업무

7 쇼핑

8 스포츠/취미

9 자연

□ **swing** [swiŋ] 스윙 그네

□ **page** [peidʒ] 페이지 호출방송

□ **entrance** [éntrəns] 엔트런스 입구, 입장

□ **exit** [égzit] 엑짓 출구

□ **admission fee** [ædmíʃən ~] 앳미션휘 입장료

I call myself the Amusement Park. That's because I'm funny and scary at the same time. -Terry Crews-
나를 놀이공원이라고 부르면 되겠다. 왜냐하면 나는 재미있고 동시에 무섭기도 하니까. -테리 크루스-

I'm a girl that loves to go to amusement park. -Katy Mixon-
나는 놀이공원에 가기 좋아하는 여자다. -케이티 믹슨-

☐ **magazine** [mǽgəzíːn] 매거진 잡지

☐ **newspaper** [njúːzpeipər] 뉴스페이퍼 신문

☐ **headline** [hédlain] 헤드라인 제목

☐ **article** [áːrtikl] 아티클 기사

☐ **fiction** [fíkʃən] 픽션 소설

☐ **novel** [návəl] 나블 장편소설

When I was 22 years old, I thought girls would like me if I wrote a novel.
내가 스물두 살 때는 소설을 쓰면 여자들이 나를 좋아할 거라고 생각했다.

☐ **best-selling** [bestséliŋ] 베스트셀링 가장 잘 팔리는

☐ **paperback** [péipərbæk] 페이퍼백 문고본

☐ **hardcover** [háːrdkʌ́vər] 하드커버 양장본

☐ **comic book** 카믹북 만화

☐ **picture book** 픽쳐북 그림책

☐ **mystery** [místəri] 미스터리 추리소설

☐ **romance** [roumǽns] 로우맨스 연애소설

☐ **science fiction** [~ fíkʃən] 사이언스 픽션 공상과학물

☐ **manual** [mǽnjuəl] 매뉴얼 소책자

☐ **biography** [baiágrəfi] 바이아그라피 전기문, 자서전

☐ **unfinished** [ənfíniʃt] 언피니쉬트 미완성의, 마치지 않은

My biography is still unfinished.
내 자서전은 아직 미완성이다.

□ **guidebook** [gáidbuk] 가이드북 안내서

□ **how-to book** 하우투 북 실용서

□ **business book** 비즈니스 북 경제서

□ **fortunetelling** [fɔ́ːrtʃəntèliŋ] 포천텔링 점, 역술

□ **medical book** 메디컬 북 의학

□ **self-help** [sélfhelp] 셀프헬프 자기계발, 자구책

□ **reference** [réfərəns] 레퍼런스 참고서

□ **knowledge** [nálidʒ] 날리지 지식(↔ ignorance 무지)

□ **illiteracy** [ilítərəsi] 일리터러시 문맹, 무지

□ **illiterate** [ilítərət] 일리터릿 문맹의; 문맹자

□ **metaphysical** [mètəfízikəl] 메터피지컬 형이상학적인
(↔ physical 형이하학적인)

□ **verse** [vɜːrs] 버스 운문(↔ prose 산문)

□ **foreword** [fɔ́rwərd] 포어워드 서론, 머리말(prologue)

□ **anecdote** [ǽnikdòut] 애닉도우트 이야기(story, tale)

□ **thick** [θik] 씩 두꺼운(↔ thin 얇은)

1 수

2 인간

3 가정

4 사회

5 교통

6 업무

7 쇼핑

8 스포츠/취미

9 자연

If one cannot enjoy reading a book over and over again, there is no use in reading it at all.
-Oscar Wilde-

여러 번 읽을만한 재미가 없는 책이라면 읽을 가치가 없는 책이다.
–오스카 와일드–

All modern American literature comes from one book by Mark Twain called Huckleberry Finn.
-Ernest Hemingway-

모든 현대 미국 문학은 허클베리 핀이라는 마크 트웨인의 소설에서 유래한 것이다.
–어니스트 헤밍웨이–

If I read a book and it makes my whole body so cold no fire can ever warm me, I know that is poetry.
-Emily Dickinson-

책 하나 읽고나면 내 온몸이 차가워지고 어떤 불도 나를 따뜻하게 할 수 없다. 그런 책이 바로 시집이다.
–에밀리 디킨슨–

- A bird in the hand is worth two in the bush.
  손안의 새 한 마리는 숲 속의 두 마리 가치가 있다.

- A man is known by the company he keeps.
  사람은 그가 사귀는 친구를 보면 알 수 있다.

- All's well that ends well.
  끝이 좋으면 만사가 좋다.

- All that glitters is not gold.
  반짝이는 모든 것이 금은 아니다.

- An apple a day keeps the doctor away.
  하루 한 개의 사과는 의사를 멀리 한다.

- As rust eats iron, so care eats the heart.
  녹이 쇠를 좀먹듯이 근심은 사람을 병들게 한다.

- Bad luck often brings good luck.
  전화위복. 때로는 화가 오히려 복을 가져다준다.

- Barking dogs seldom bite.
  짖는 개는 물지 않는다.

- Better bend than break.
  부러지는 것보다 구부러지는 것이 낫다.

- Better late than never.
  늦어도 안 하느니 보다 낫다.

- Birds of a feather flock together.
  같은 깃털을 가진 새는 함께 모인다.

- Constant dripping of water wears away stones.
  낙수가 댓돌을 뚫는다.

- Discretion is the better part of valor.
  신중은 용기에서 더 좋은 부분.

- Do not cast your pearls before swine.
  돼지 앞에 진주를 던지지 마라.

1 다음 그림을 영단어와 맞게 연결하세요.

· · · · ·

· · · · ·

hit   dribble   bunker   shot   flag

2 다음 영어를 한글로 바꾸세요.

a) dodge ball _____   bait _____

   inexhaustible _____   base on balls _____

b) quarterfinal _____   semifinal _____

   overtime _____   treadmill _____

c) origami _____   embroidery _____

   shuffle _____   bluff _____

d) superstition _____   foretell _____

   remembrance _____   surrealism _____

3 다음 빈칸에 맞는 영단어를 쓰시오.

a) He is the _____ of today's game.

그가 오늘 경기의 승리 투수다.

b) A life vest _____ under the seat.

구명조끼는 좌석 아래에 있습니다.

c) Whose _____ is it to deal?

누가 패를 돌릴 차례인가?

d) They are a _____ in heaven.

그들은 천생연분이다.

e) Mija has _____ for modern art.

미자는 현대미술에 식견이 있다.

4 다음 우리말을 영어로 바꾸세요.

a) 예약석 _____   타악기 _____

   입장료 _____   미완성의 _____

b) 운동 선수 _____   헬스운동 _____

   관객 _____   볼링장 _____

c) 수비수 _____   안전요원 _____

   줄넘기 _____   도예 _____

d) 초보자 _____   운명 _____

   당일 여행 _____   뱃멀미 _____

Theme 9

nature 자연

01 animal 동물

☐ **tiger** [táigə:r] 타이거

호랑이(암컷 tigress)

☐ **lion** [láiən] 라이언

사자(암컷 lioness)

☐ **bear** [bɛər]

베어 곰

☐ **buffalo** [bʌfəlòu] 버펄로우 물소, 들소

The 3 lions made a charge on a buffalo.
사자 세 마리가 버팔로 하나를 덮쳤다.

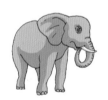

☐ **elephant** [éləfənt]

엘리펀트 코끼리

☐ **giraffe** [dʒərǽf]

저래프 기린

☐ **deer** [diər] 디어

사슴(암컷 doe)

1 수

2 인간

3 가정

4 사회

5 교통

6 업무

7 쇼핑

8 스포츠/취미

9 자연

□ **wolf** [wulf]

울프 늑대

□ **fox** [fɑks] 팍스

여우(암컷 vixen)

□ **snake** [sneik]

스네익 뱀

□ **monkey** [mʌ́ŋki] 멍키 원숭이

□ **lizard** [lízərd] 리저드 도마뱀

□ **camel** [kǽməl] 캐멀 낙타

□ **crocodile** [krɑ́kədàil]

크라커다일 악어(alligator)

□ **zebra** [zíːbrə]

지브러 얼룩말

Sometimes a zebra taught a lion a good lesson.
때로는 얼룩말이 사자를 혼내주기도 한다.

369

☐ **horse** [hɔːrs]

호스 말(암컷 mare)

☐ **cow** [kau] 카우 암소

☐ **bull** [bul] 불 수소

☐ **milk cow**

밀카우 젖소

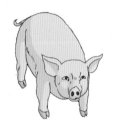

☐ **pig** [pig] 픽

돼지(swine, 암컷 sow)

☐ **sheep** [ʃiːp]

쉽 양

☐ **goat** [gout]

고우트 염소

☐ **dog** [dɔ(ː)g]

독 개(암캐 bitch)

☐ **cat** [kæt]

캣 고양이(수컷 tom)

☐ **rabbit** [ræbit]

래빗 토끼

1 수

2 인간

3 가정

4 사회

5 교통

6 업무

7 쇼핑

8 스포츠/취미

9 자연

관련 단어

☐ **gorilla** [gərílə] 거릴러 고릴라
The gorilla is bigger than the chimpanzee.
고릴라는 침팬지보다 크다.

☐ **chimpanzee** [tʃìmpænzíː] 침팬지 침팬지

☐ **bat** [bæt] 뱃 박쥐

☐ **hippo** [hípou] 히포 하마

☐ **rhinoceros** [rainásərəs] 라이너서러스 코뿔소

☐ **wildcat** [waildkǽt] 와일드캣 살쾡이

☐ **lynx** [liŋks] 링크스 스라소니

☐ **leopard** [lépərd] 레퍼드 표범

☐ **hyena** [haiíːnə] 하이이너 하이에나

☐ **donkey** [dáŋki] 당키 당나귀

☐ **wild boar** [waildbɔːr] 와일드보어 멧돼지

☐ **rat** [ræt] 랫 쥐, 배신자

☐ **hamster** [hǽmstər] 햄스터 햄스터

☐ **raccoon** [rækúːn] 래쿤 너구리

☐ **weasel** [wízl] 위즐 족제비

☐ **badger** [bǽdʒər] 배줘 오소리

☐ **koala** [kouáːlə] 코우알러 코알라

☐ **chameleon** [kəmíːliən] 커밀리언 카멜레온

☐ **toad** [toud] 토우드 두꺼비

☐ **tadpole** [tǽdpòul] 탣포울 올챙이

371

☐ **frog** [frɔːg] 프록 개구리

A frog hid in the water.
개구리가 물속으로 사라졌다.

☐ **turtle** [tə́ːrtl] 터틀 거북이

☐ **forepaw** [fɔ́ːrpɔ́ː] 풔포 앞발

☐ **hind leg** 하인드 렉 뒷발(rear paw)

☐ **claw** [klɔː] 클로 발톱

☐ **horn** [hɔːrn] 혼 뿔

☐ **tail** [teil] 테일 꼬리

☐ **hoof** [huːf] 후프 발굽

☐ **scale** [skeil] 스케일 비늘

☐ **mane** [mein] 메인 갈기(사자, 말)

☐ **tame** [teim] 테임 길들인(↔ wild 야생의)

☐ **disappear** [dìsəpíər] 디서피어 사라지다

☐ **extinction** [ikstíŋkʃən] 익스팅션 소멸, 멸종

☐ **herd** [həːrd] 허드 짐승의 떼(소, 돼지)

Jokes

An ant on the move does more than a dozing ox.
-Lao Tzu-
움직이고 있는 개미는 졸고 있는 황소보다 더 큰 일을 한다.
―노자―

Unit

02 birds 조류

1 수

2 인간

3 가정

4 사회

5 교통

6 업무

7 쇼핑

8 스포츠/취미

9 지역

□ **crow** [krou]

크로우 까마귀

□ **falcon** [fǽlkən]

팰컨 매, 송골매

□ **eagle** [íːgəl] 이글

수리, 독수리

□ **sparrow** [spǽrou]

스패로우 참새

□ **pigeon** [pídʒən] 피전 비둘기

Don't feed the pigeons.

비둘기에게 먹이를 주지 마세요.

□ **swallow** [swálou]

스왈로우 제비

□ **sea gull**

[siːgʌl] 씨걸 갈매기

□ **swan** [swɑn]

스완 백조

373

□ **parrot** [pǽrət]

패럿 앵무새

□ **owl** [aul]

아울 부엉이

□ **crane** [krein]

크레인 학, 두루미

□ **skylark** [skáilὰːrk] 스카이락 종달새

I want to keep a skylark as a pet.
종달새를 애완조로 키우고 싶다.

□ **ostrich** [ɔ́(ː)stritʃ]

오스트리취 타조

□ **rooster** [rúːstəːr]

루스터 수탉(cock)

□ **hen** [hen] 헨 암탉

□ **penguin** [péŋgwin] 펭귄 펭귄

Penguins live in the South Pole,
South America and Australia.

펭귄은 남극, 남미 그리고 호주에 산다.

1 수

2 인간

3 가정

4 사회

5 교통

6 업무

7 쇼핑

8 스포츠/취미

관련 단어

- □ **vulture** [vʌ́ltʃər] 벌춰 독수리

- □ **stork** [stɔːrk] 스토크 황새

- □ **flamingo** [fləmíŋgou] 플러밍고우 홍학

- □ **peacock** [píːkàk] 피칵 (수컷) 공작(암컷 peahen)

- □ **pheasant** [féznt] 페전트 꿩

- □ **turkey** [tə́ːrki] 터키 칠면조

- □ **quail** [kweil] 퀘일 메추라기

- □ **magpie** [mǽgpài] 맥파이 까치

- □ **canary** [kənéəri] 커네어리 카나리아, 여가수

- □ **parakeet** [pǽrəkìːt] 페러킷 잉꼬

- □ **duck** [dʌk] 덕 오리(drake)

- □ **goose** [guːs] 구스 거위

- □ **mandarin duck** [mǽndərin ~] 맨더린 덕 원앙

- □ **wild goose** [waild ~] 와일드구스 기러기

- □ **migrant bird** [máigrənt ~] 마이그런트 버드 철새

- □ **resident bird** [rézədnt ~] 레지던트 버드 텃새

- □ **feather** [féðər] 페더 깃털

- □ **bill** [bil] 빌 부리

- □ **claw** [klɔː] 클로 (짐승의) 발톱

- □ **webbed feet** 웹베드 퓌트 물갈퀴

- □ **tail feather** [teil féðər] 테일 페더 꼬리

☐ **wing** [wiŋ] 윙 날개

☐ **nest** [nest] 네스트 둥지

☐ **flock** [flak] 플락 (작은 새나 양의) 무리, 떼

It's impossible to explain creativity. It's like asking a bird, 'How do you fly?' You just do.
-Eric Jerome Dickey-

창조성을 설명할 수는 없다. 그건 마치 새에게 '어떻게 나는 거냐?'고 묻는 것과 같다. 그냥 나는 것이다.
–에릭 제롬 딕키–

Sometimes the early bird gets the worm, but sometimes the early bird gets frozen to death.
-Myron Scholes-

때로는 일찍 일어나는 새가 벌레를 잡는다. 하지만 어떤 때는 일찍 일어나는 새가 얼어 죽는다.
–마이런 스콜스–

A bird in hand is a certainty. But a bird in the bush may sing.
-Bret Harte-

손안에 있는 새는 확실히 내 것이다. 하지만 숲 속에 있는 새는 노래할 수 있다.
–브렛 하트–

Unit

03 insects 곤충

1 수

2 인간

3 가정

4 사회

5 교통

6 업무

7 쇼핑

8 스포츠/취미

9 지역

□ fly [flai]
플라이 파리

□ hornet [hɔ́:rnit] 호닛 말벌
□ wasp [wasp] 와습 장수말벌

□ spider
[spáidər] 스파이더
거미

□ ant [ænt]
앤트 개미

□ moth [mɔ(:)θ] 모쓰 나방
□ butterfly [bʌ́tərflài]
버터플라이 나비

□ dragonfly
[drǽgənflài] 드래건플라이
잠자리

□ grasshopper
[grǽshùpər] 그래스하퍼
메뚜기

□ stag beetle
[stæg ~] 스택비틀
사슴벌레

□ ladybug
[léidibʌg] 레이디벅
무당벌레

377

□ **firefly** [fáiərflài]

파이어플라이 개똥벌레

□ **cockroach** [kákròutʃ] 칵로-취 바퀴벌레

It is disgusting at the sight of a cockroach.
바퀴벌레를 보기만 해도 혐오스럽다.

□ **cricket** [kríkit]

크리킷 귀뚜라미

□ **mosquito** [məskíːtou] 머스키토우 모기

I was bit by a mosquito.
나는 모기한테 물렸어.

관련 단어

□ **beetle** [bíːtl] 비틀 딱정벌레

□ **bee** [biː] 비 벌

□ **praying mantis** [préiiŋ mǽntis] 프레이잉 맨티스 사마귀

□ **centipede** [séntəpìːd] 센터피드 지네

□ **flea** [fliː] 플리 벼룩

Chunja bought a lot of things at the flea market.
춘자는 벼룩시장에서 여러가지를 샀다.

□ **scorpion** [skɔ́ːrpiən] 스콜피언 전갈

□ **earthworm** [ə́ːrθwə̀ːrm] 어쓰웜 지렁이

□ **silkworm** [sílkwərm] 실크웜 누에

378

1 수

2 인간

3 가정

4 사회

5 교통

6 업무

7 쇼핑

8 스프츠/취미

9 자연

☐ **maggot** [mǽgət] 매것 구더기, 변덕

☐ **snail** [sneil] 스네일 달팽이

☐ **egg** [eg] 엑 알

☐ **larva** [láːrvə] 라버 애벌레

☐ **caterpillar** [kǽtərpìlər] 캐터필러 유충

☐ **pupa** [pjúːpə] 퓨퍼 번데기

☐ **antenna** [ænténə] 앤테너 더듬이

☐ **head** [hed] 헤드 머리

☐ **thorax** [θɔ́ːræks] 소랙스 가슴

☐ **abdomen** [ǽbdəmən] 앱더먼 배, 복부

☐ **sting** [stiŋ] 스팅 침

☐ **beneficial** [bènəfíʃəl] 베너휘셜 이로운(↔ harmful 해로운)

☐ **common** [kámən] 카먼 흔한(↔ rare 드문)

☐ **swarm** [swɔːrm] 스웜 (곤충의) 떼, 무리;군중

Jokes

Q: What's the biggest moth in the world?

세상에서 제일 큰 나방은 무엇?

A: A mammoth!

맘모스

*맘모스와 moth(나방)을 연관시킨 조크입니다.

□ **trout** [traut] 트라우트

송어

□ **mackerel** [mǽkərəl]

맥커럴 고등어

□ **salmon** [sǽmən] 새먼 연어

A single female salmon can lay 1,000 to 17,000 eggs.

암컷 연어는 1,000에서 17,000개의 알을 낳을 수 있다.

□ **tuna** [tjúːnə] 튜너

참치, 다랑어

□ **flatfish** [flǽtfiʃ] 플랫피시

광어

□ **shark** [ʃɑːrk] 샤크 상어

□ **carp** [kɑːrp] 카프 잉어

□ **sardine** [saːrdíːn]

사르딘 정어리

□ **whale** [ʰweil] 훼일 고래

□ **cuttlefish**

[kʌ́tlfiʃ] 커틀피시

오징어(squid)

□ **octopus**

[áktəpəs] 악터퍼스

문어

□ **lobster**

[lábstər] 랍스터

바닷가재

□ **crab** [kræb]

크랩 게

□ **shrimp** [ʃrimp]

쉬림프 새우

□ **oyster** [ɔ́istər]

오이스터 굴

1 수

2 인간

3 가정

4 사회

5 교통

6 업무

7 쇼핑

8 스포츠/취미

9 자연

□ goldfish [góuldfiʃ] 고울드휘시 금붕어

Goldfish is an ornamental fish.

금붕어는 관상용 어류이다.

□ turtle [tə́:rtl] 터틀 거북이

□ tortoise [tɔ́:rtəs] 토터스 민물 거북

관련 단어

□ cod [kɑd] 캇 대구

□ cero [síərou] 씨어로우 삼치

□ pollack [pálək] 팔럭 명태

□ eel [i:l] 일 장어

□ dolphin [dálfin] 달휜 돌고래

□ fugu [fugu] 푸구 복어

□ hairtail [hɛ́ərtèil] 헤어테일 갈치

□ starfish [stá:rfiʃ] 스타피쉬 불가사리

□ seaweed [sí:wì:d] 씨위드 김

□ sea urchin [~ ə́:rtʃin] 씨어췬 성게

□ clam [klæm] 클램 대합

□ sea slug [~ slʌg] 씨슬럭 해삼

□ clam [klæm] 클램 조개

□ abalone [æbəlóuni] 애벌로우니 전복

□ **scale** [skeil] 스케일 비늘

□ **dorsal fin** [dɔ́ːrsəlfin] 도설 핀 등지느러미

□ **tail fin** [teil fin] 테일핀 꼬리지느러미

□ **gill** [gil] 길 아가미

□ **flipper** [flípər] 플리퍼 물갈퀴

Jokes

Q: What do you call a fish with no eye?
눈이 없는 생선은 뭐라고 하나?

A: Fsh!

*eye와 발음이 같은 i를 이용한 퀴즈입니다.

Q: Why do fish always know how much they weigh?
생선은 자기 몸무게를 왜 알고 있을까?

A: Because they have their own scales.
왜냐하면 그들은 저울이 있으니까.

*scale은 저울이라는 뜻 외에 비늘이란 뜻도 있습니다.

Q: Why don't fish like volleyball?
물고기는 왜 배구를 싫어할까?

A: Cause they're afraid of the net.
물고기는 네트(그물)를 두려워하니까.

1 수

2 인간

3 가정

4 사회

5 교통

6 업무

7 쇼핑

8 스포츠/취미

9 지역

□ **leaf** [li:f]

리프 잎

□ **fruit** [fru:t]

프루트 열매

□ **branch** [bræntʃ]

브랜치 가지(bough)

□ **root** [ru:t]

루트 뿌리

□ **stem** [stem]

스템 줄기

□ **annual ring**
[ǽnjuəl riŋ]

애뉴얼링 나이테

□ **seed** [si:d]

씨드 씨앗

□ **sprout** [spraut]

스프라웃 싹, 새순

□ **ivy** [áivi] 아이비

담쟁이 덩굴

□ **palm** [pɑːm]
팜 야자수

□ **ginkgo** [gíŋkou]
깅코우 은행나무

□ **oak** [ouk] 오우크
떡갈나무

□ **pine** [pain] 파인 소나무

We can see pine trees everywhere in Korea.
한국 어디에서나 소나무를 볼 수가 있다.

관련 단어

□ **trunk** [trʌŋk] 트렁크 나무 몸통

□ **bark** [bɑːrk] 바크 나무 껍질

□ **cherry** [ʧéri] 체리 벚나무

□ **maple** [méipəl] 메이플 단풍나무

□ **cedar** [síːdər] 씨더 개잎갈나무, 삼나무

□ **willow** [wílou] 윌로우 버드나무

□ **mulberry** [mʌ́lbèri] 멀베리 뽕나무, 오디

□ **magnolia** [mægnóuljə] 맥노울리어 목련

□ **bamboo** [bæmbúː] 뱀부 대나무

Bamboo is used for making arrows.
대나무는 화살 만드는데 사용된다.

1 수
2 인간
3 가정
4 사회
5 교통
6 업무
7 쇼핑
8 스포츠/취미
9 자연

☐ Japanese cedar 재퍼니즈시더 삼나무

☐ chestnut tree [tʃésnʌt ~] 체스넛추리 밤나무

☐ platanus [plǽtənəs] 플래터너스 플라타너스

☐ poplar [páplər] 파플러 포플러

☐ birch [bəːrtʃ] 버취 자작나무

☐ bush [buʃ] 부쉬 관목, 덤불

☐ moss [mɔːs] 모스 이끼

☐ forest bath 포리스트 배쓰 산림욕

☐ decompose [dìːkəmpóuz] 디컴포우즈 분해되다, 썩다

Good words

Character is like a tree and reputation like a shadow. The shadow is what we think of it; the tree is the real thing.

-Abraham Lincoln-

인물은 나무와 같고 명성은 그림자와 같다. 우리는 그림자를 생각하지만 나무가 본질이다.

–에이브러햄 링컨–

Give me six hours to chop down a tree and I will spend the first four sharpening the axe.

-Abraham Lincoln-

나무 한 그루 쓰러뜨리는데 내게 여섯 시간이 주어진다면 나는 먼저 네 시간을 도끼날을 가는 데 쓰겠다.

–에이브러햄 링컨–

1 수

2 인간

3 가정

4 사회

5 교통

6 업무

7 쇼핑

8 스포츠, 취미

9 자연

Jokes

A: What kind of tree can fit into your hand?

어떤 나무가 네 손에 딱 맞니?

B: A palm tree!

야자수!

*palm은 야자수라는 뜻이지만 손바닥이라는 뜻도 된다. read one's palm은 '손금을 보다'라는 의미.

Q: What do you call a person in a tree with a briefcase?

서류가방 들고 나무에 있는 사람은 누구?

A: A branch manager!

지점장!

*branch가 나뭇가지와 지점이란 의미를 가진 것을 이용한 조크.

□ **tulip** [tjú:lip]

튤립 **튤립**

□ **lily** [líli]

릴리 백합

□ **orchid** [ɔ́:rkid]

오-키드 난초

□ **lotus** [lóutəs]

로터스 연꽃

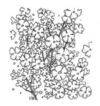

□ **gypsophila**

[ʤipsáfilə] 집사펄러

안개꽃

□ **dandelion**

[dǽndəlàiən]

댄더라이언 민들레

□ **sunflower**

[sánflàuər] 썬플라워

해바라기

□ **violet** [váiəlit]

바이얼렛 제비꽃

□ **iris** [áiris]

아이리스 붓꽃

□ **chrysanthemum**

[krisǽnθəməm] 크리센서멈 국화

Chrysanthemum is the national flower of Japan.

국화는 일본을 상징하는 꽃이다.

□ **rose** [rouz]

로우즈 장미

□ **azalea** [əzéiljə] 어제일려 진달래

In April azalea is in full blossom.

4월에 진달래는 만개한다.

□ **cactus** [kǽktəs]

캑터스 선인장

관련 단어

□ **morning-glory** [mɔ́:rniŋglɔ̀:ri] 모닝글로리 나팔꽃

□ **forsythia** [fɔ:rsíθiə] 포시디어 개나리(golden–bell)

□ **cherry blossom** [tʃéri ~] 체리 블라썸 벚꽃

□ **rose of Sharon** 로우즈업 섀런 무궁화

□ **cosmos** [kázməs] 카즈머스 코스모스

1 수

2 인간

3 가정

4 사회

5 교통

6 업무

7 쇼핑

8 스포츠/취미

9 자연

389

□ **peony** [píːəni] 피어니 모란

□ **camellia** [kəmíːljə] 커밀리어 동백꽃

□ **daffodil** [dǽfədìl] 대퍼딜 수선화

□ **marigold** [mǽrigòuld] 매리고울드 금잔화

□ **ume flower** 움플라워 매화

□ **begonia** [bigóunjə] 비고우녀 베고니아

□ **weed** [wiːd] 위드 잡초

□ **reed** [riːd] 리드 갈대, 억새

□ **bud** [bʌd] 벋 꽃봉오리

□ **petal** [pétl] 페틀 꽃잎

□ **pollen** [pálən] 팔런 꽃가루

□ **vine** [vain] 봐인 덩굴식물

□ **flower language** [~ lǽŋgwidʒ] 플라워 랭귀지 꽃말

□ **flowerpot** [fláuərpàt] 플라워팟 화분

Jokes

A: How do you know if flowers have a mouth?

꽃에게 입이 있는지 어떻게 알 수 있어?

B: That is because flowers have tulips.

왜냐하면 꽃에는 튤립이 있거든.

*튤립(tulips)은 two lips(두 입술)와 비슷하게 들린다.

1 수

2 인간

3 가정

4 사회

5 교통

6 업무

7 쇼핑

8 스포츠/취미

9 지역

Good words

Keep love in your heart. A life without it is like a sunless garden
when the flowers are dead.

-Oscar Wilde-

마음속에 사랑을 간직하라. 사랑이 없는 인생이란 햇살 없는 정원과 같고 꽃들
은 죽어 있다.

-오스카 와일드-

Hope is the only bee that makes honey without flowers.

-Robert Green Ingersoll-

희망이란 꽃도 없이 꿀을 만들어 내는 벌이다.

-로버트 그린 인거솔-

07 vegetables 채소

□ **carrot** [kǽrət]

캐럿 당근

□ **radish**

[rǽdiʃ] 래디쉬 무

□ **Chinese cabbage**

차이니즈 캐비지 **배추**

□ **onion** [ʌ́njən] 어니언 양파

Onion is good for the health of the blood vessels.
양파는 혈관 건강에 이롭다.

□ **cucumber**

[kjúːkəmbər] 큐컴버 오이

□ **garlic** [gáːrlik] 갈릭 마늘

The garlic in kimchi are known to prevent cancer.
김치에 든 마늘에 항암 효과가 있다고 한다.

□ **bean** [biːn] 빈 콩

1 수

2 인간

3 가정

4 사회

5 교통

6 업무

7 쇼핑

8 스포츠/취미

9 지역

□ **pumpkin** [pʌ́mpkin] 펌프킨

호박(구형)

□ **zucchini** [zu:kíːni] 주키니

호박(오이처럼 길쭉한 것)

□ **sweet potato**

[swi:t ~] 스윗 퍼테이토우

고구마

□ **potato**

[pətéitou]

퍼테이토우 감자

□ **green onion**

[~ʌ́njən] 그린어니언 대파

□ **cabbage**

[kǽbidʒ]

캐비지 양배추

□ **spinach** [spínitʃ]

스피니취 시금치

□ **mushroom**

[mʌ́ʃru(ː)m]

머쉬룸 버섯

□ **pimento**

[piméntou] 피멘토우

피망

393

□ red pepper

[red pépər] 렛페퍼 고추

□ bean sprout

[bi:n spraut] 빈 스프라우트

콩나물

□ tomato

[təméitou]

터메이토우 **토마토**

관련 단어

□ **lettuce** [létis] 레티스 양상추

□ **red-bean** [redbi:n] 레드빈 팥

□ **corn** [kɔ:rn] 콘 옥수수

□ **ginger** [ʤíndʒər] 진저 생강

□ **broccoli** [brákəli] 브라컬리 **브로콜리**

□ **eggplant** [égplænt] 엑플랜트 가지

□ **lotus root** [lóutəs ru:t] 로터스 루트 연근

□ **bamboo shoot** [bæmbú: ~] 뱀부슛 죽순

□ **asparagus** [əspǽrəgəs] 어스패러거스 아스파라거스

□ **leek** [li:k] 릭 부추

□ **taro** [tá:rou] 타로우 **토란**

□ **burdock** [bɔ́:rdak] 버닥 우엉

□ **bracken** [brǽkən] 브래컨 고사리

□ **balloon flower root** 벌룬 플라워 룻 도라지

1 수

2 인간

3 가정

4 사회

5 교통

6 업무

7 쇼핑

8 스포츠/취미

9 지연

☐ **water parsley** [~ pá:rsli] 워터파슬리 미나리

☐ **crown daisy** 크라운 데이지 쑥갓

☐ **mugwort** [mʌ́gwɔ́:rt] 먹워트 쑥

☐ **rice** [rais] 라이스 쌀

☐ **wheat** [hwi:t] 휘트 밀
The wheat crop looks good.
밀 수확이 괜찮을 것 같다.

☐ **barley** [bá:rli] 발리 보리

☐ **cultivate** [kʌ́ltəvèit] 컬티베잇 경작하다(till)

☐ **crop** [krap] 크랍 수확(harvest)

Jokes

A: What is Michelle Obama's favorite vegetable?
미셸 오바마가 제일 좋아하는 야채는 무엇일까?

B: Barackoli. 버락콜리.

*미셸의 남편 오바마의 이름 버락과 브로콜리를 합성한 말장난입니다.

A: What would you call a communist vegetable that makes you cry? 당신을 울게 만드는 공산주의 야채는 무엇일까요?

B: soviet onion. 소비에트 양파.

*양파를 썰다보면 매워서 누구나 눈물이 나오죠. Soviet Union(소비에트연방)과 onion(양파)를 연결시킨 말장난.

395

☐ **apple** [ǽpl]

애플 사과

☐ **pear** [pɛər]

페어 배

☐ **watermelon**
[wɔ́ːtəːrmèlən]

워터멜런 수박

☐ **tangerine**
[tǽndʒəríːn] 탠저린 귤

☐ **peach** [piːtʃ]

피-치 복숭아

☐ **grape** [greip]

그레입 포도(나무)

☐ **strawberry**
[strɔ́ːbèri]

스트로베리 딸기

☐ **lemon**
[lémən]

레먼 레몬

☐ **apricot**
[éiprəkɑt]

에이프리캇 살구

□ **persimmon** [pəːrsímən] 퍼시먼 감

Persimmon leaves have turned red.
감나무 잎이 붉게 물들었다.

□ **orange** [ɔ́ːrindʒ]

오린쥐 오렌지

□ **pineapple**

[páinæ̀pl] 파인애플

파인애플

□ **banana**

[bənǽnə] 버내너

바나나

□ **peanut** [píːnʌ̀t]

피넛 땅콩

□ **walnut**

[wɔ́ːlnʌ̀t] 월넛 호두

□ **chestnut**

[tʃésnʌ̀t] 체스넛 밤

□ **durian**

[dúəriən]

두어리언 두리안

1 수

2 인간

3 가정

4 사회

5 교통

6 업무

7 쇼핑

8 스포츠/취미

9 자연

☐ **mango** [mǽŋgou]

맹고우 망고

☐ **mangosteen** [mǽŋgəstìːn]

맹거스틴 망고스틴

☐ **papaya**

[pəpáːjə]

퍼파여 파파야

☐ **guava**

[gwáːvə]

과버 구아바

☐ **coconut**

[kóukənʌ́t]

코우커넛 코코넛

관련 단어

☐ **plum** [plʌm] 플럼 자두

☐ **cherry** [tʃéri] 체리 버찌

☐ **pomegranate** [páməgrænət] 파머그래닛 석류

☐ **fig** [fig] 픽 무화과

☐ **kiwi fruit** [kíːwi ~] 키위프룻 키위

☐ **jujube** [dʒúːdʒuːb] 주주브 대추
The jujube originated in China.
대추는 중국이 원산지다.

1 수

2 인간

3 가정

4 사회

5 교통

6 업무

7 쇼핑

8 스포츠/취미

9 자연

☐ **nuts** [nʌts] 넛츠 견과류

☐ **pine nut** 파인넛 잣

☐ **acorn** [éikɔːrn] 에이콘 도토리

☐ **avocado** [ævəkáːdou] 애버카도우 아보카도

☐ **almond** [áːmənd] 아먼드 아몬드

☐ **peel** [piːl] 필 과일 껍질

☐ **fruit flesh** [~ fleʃ] 푸룻 플레쉬 과육

☐ **unfamiliar** [ənfəmíljər] 언퍼밀리어 생소한, 낯선
Avocado is unfamiliar to me.
아보카도는 내게 생소하다.

☐ **ripe** [raip] 라입 익은, 숙성한(↔ raw 날것의)

☐ **fresh** [freʃ] 프레쉬 신선한(↔ stale 상한)

☐ **sweet** [swiːt] 스윗 달콤한(↔ bitter 쓴)

☐ **rotten** [rátn] 라튼 썩은, 부패한(corrupt)

☐ **fertile** [fɔ́ːrtl] 풔틀 비옥한(↔ barren 불모의)

☐ **in season** 인시즌 제철인(↔ out of season 철이 지난)

Jokes

Q: Why did the orange go blind?

오렌지는 왜 눈이 안 보이게 되었나?

A: He didn't have enough vitamin see!

그는 비타민씨(see)가 부족해서.

*C와 see가 발음이 같은 것에 착안한 조크입니다.

A: What's a vampire's favorite fruit?

뱀파이어가 제일 좋아하는 과일이 뭔지 알아?

B: I have no idea.

몰라.

A: A necktarine!

천도복숭아야.

*뱀파이어가 사람의 목(neck)을 깨무는 것을 빗대어하는 조크.

nectarine: 천도복숭아

1 수

2 인간

3 가정

4 사회

5 교통

6 업무

7 쇼핑

8 스포츠/취미

9 자연

Unit

09 landscape 풍경(scenery)

□ lake [leik]

레이크 호수

□ river [rívər]

리버 강

□ valley [væli]

밸리 계곡

□ plateau [plætóu]

플래토우 고원

□ hill [hil]

힐 언덕, 고개

□ cave [keiv]

케이브 동굴

□ waterfall

[wɔ́:tərfɔ̀:l] 워터폴 폭포

□ stream [stri:m]

스트림 개울

□ cliff [klif]

클립 절벽

401

□ **forest** [fɔ́(:)rist]
포리스트 숲(woods)

□ **grassland**
[grǽslæ̀nd] 그래스랜드
초원(meadow)

□ **mountain**
[máuntən] 마운틴 산

□ **slope** [sloup]
슬로우프 비탈

□ **volcano** [vɑlkéinou]
발케이노우 화산

□ **rock** [rɑk]
락 바위

관련 단어

□ **deep** [di:p] 딥 깊은(↔ shallow 얕은)

□ **peaceful** [pí:sfəl] 피스펄 잔잔한, 조용한(calm, serene)
The river is sometimes peaceful and sometimes wild and free.
강물은 때로는 잔잔하고 때로는 거칠고 거침없이 흐른다.

□ **narrow** [nǽrou] 내로우 좁은(↔ wide 넓은)

□ **countercurrent** [káuntərkə̀:rənt] 카운터커런트 역류하다

□ **fountain** [fáuntən] 파운틴 분수, 샘(well)

□ **inactive** [inǽktiv] 인액팁 활동하지 않는

1 수

2 인간

3 가정

4 사회

5 교통

6 업무

7 쇼핑

8 스포츠/취미

9 지역

□ **untouched** [ʌntʌ́tʃt] 언터취트 손대지 않은, 미개발의, 훼손되지 않은
The forest remains untouched.
그 숲은 훼손되지 않고 남아 있다.

□ **peak** [piːk] 피크 정상, 꼭대기(summit)

□ **horizon** [həráizən] 허라이즌 수평선, 지평선

□ **desert** [dézərt] 데저트 사막

□ **basin** [béisn] 베이슨 분지

□ **marsh** [maːrʃ] 마쉬 습지(wetland)

□ **jungle** [dʒʌ́ŋgl] 정글 밀림

□ **mountainous area** [máuntənəs ~] 마운터너스 에어리어 산악지대

□ **everlasting** [evərlǽstiŋ] 에버레스팅 계속되는(continual)

□ **obvious** [ábviəs] 압비어스 분명한, 잘 보이는(↔ obscure 컴컴한, 흐린)

□ **in sight** 시야에 보이는(↔ out of sight 시야에 안 보이는)

□ **sight** [sait] 사잇 시야, 시력(eyesight)

Good words

Popularity is a bubble. It's a mountain: you can go up really hard but walk down really fast.
-RM-

인기란 물거품이다. 산과 같다. 올라갈 땐 진짜 힘들지만 내려올 땐 아주 빠르다.
–RM–

Unit

10 weather 날씨

□ **sunny** [sʌ́ni]

써니 햇볕이 좋은

□ **cloud** [klaud] 클라우드 구름

□ **cloudy** [klʌ́udi] 클라우디

구름 낀, 흐린

□ **rain** [rein] 레인 비

□ **shower** [ʃáuə:r] 샤워 소나기

□ **downpour** [dáunpɔ:r] 다운포어

폭우(heavy rain)

□ **wind** [wind] 윈드 바람

□ **windy** [windi] 윈디 바람부는

□ **fog** [fɔg] 포그 안개(mist, haze)

□ **foggy** [fɔ́(:)gi] 포기 안개 낀

404

1 수

2 인간

3 가정

4 사회

5 교통

6 업무

7 쇼핑

8 스포츠·취미

9 자연

☐ **rainbow** [réinbòu]

레인보우 무지개

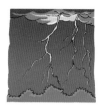

☐ **lightening** [láitniŋ]

라이트닝 번개

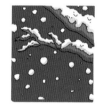

☐ **snow** [snou] 스노우 눈

☐ **icicle** [áisikəl] 아이시클 고드름

관련 단어

☐ **flood** [flʌd] 플러드 홍수

There are a lot of flood disasters in Japan.
일본에는 홍수 재난이 많다.

☐ **sleet** [sliːt] 슬리트 진눈깨비

☐ **hail** [heil] 헤일 우박

☐ **unstable** [ənstéibəl] 언스테이블 불안정한, 안정되지 않는

The recent weather is unstable.
요즘 날씨가 불안정하다.

☐ **frost** [frɔːst] 프로스트 서리

□ **ice** [ais] 아이스 얼음

□ **storm** [stɔːrm] 스톰 폭풍우

□ **snowstorm** [snóustɔ̀ːrm] 스노우스토름 눈보라

□ **thunder** [θʌ́ndər] 썬더 천둥

□ **drought** [draut] 드라우트 가뭄

□ **rainy season** 레이니 시즌 장마

□ **natural disaster** 내추럴 디재스터 자연재해

□ **calamity** [kəlǽməti] 컬레머티 재난, 불행, 참사(catastrophe)

□ **landslide** [lǽndslaid] 랜드슬라이드 산사태

□ **earthquake** [əːrθkweik] 어쓰퀘익 지진

□ **destruction** [distrʌ́kʃən] 디스트럭션 파괴(ruin)

□ **shelter** [ʃéltər] 쉘터 피난처(refuge)

□ **yellow dust** 옐로우 더스트 황사

□ **fine dust** 화인 더스트 미세먼지
There is no fine dust in Africa.
아프리카에는 미세먼지가 없다.

□ **high pressure** [~ préʃə(r)] 하이 프레셔 고기압

□ **low pressure** 로우 프레셔 저기압

□ **typhoon** [taifúːn] 타이푼 태풍

□ **blast** [blæst] 블래스트 돌풍, 폭풍(gust, gale)

□ **breeze** [briːz] 브리즈 산들바람, 미풍

□ **sky** [skai] 스카이 하늘

□ **thermometer** [θəmámitər] 서마미터 온도계

□ **drizzle** [drízl] 드리즐 이슬비가 내리다

□ **rainy** [réini] 레이니 비가 오는

□ **clear** [kliər] 클리어 맑은, 갠

□ **humid** [hjú:mid] 휴미드 습도 높은(moist, damp)

□ **mild** [maild] 마일드 온화한(↔ severe 혹독한)

1 수

2 인간

3 가정

4 사회

5 교통

6 업무

7 쇼핑

8 스포츠/취미

9 지역

Jokes

A man was driving a black truck. His lights were not on. The moon was not out. A lady was crossing the street.

Q: How did the man see her?
A: It was a bright, sunny day.

사내가 까만 트럭을 운전 중이었네.
전조등도 켜지 않고서 달도 뜨지 않았는데
아가씨가 길을 건너고 있었어.

질문: 사내는 어떻게 그녀를 볼 수 있었을까?
대답: 화창한 날 대낮이었어.

11 materials 물질

☐ **light** [lait] 라잇

빛(beam, flash, glitter)

☐ **soil** [sɔil]

소일 **토양**

☐ **fire** [faiər]

파이어 **불**

☐ **electricity** [ilèktrísəti]

일렉트리서티 **전기**

This cleaner runs on electricity.
이 청소기는 전기로 움직인다.

☐ **heat** [hi:t]

히트 **열**

☐ **solid** [sálid]

살리드 **고체**

☐ **liquid** [líkwid]

리퀴드 **액체**

☐ **gas** [gæs]

개스 **기체**

□ **water** [wɔ́ːtər]

워터 물

□ **metal** [métl]

메틸 금속

□ **coal** [koul]

코울 석탄

□ **smoke** [smouk] 스모욱 연기

□ **oil** [ɔil] 오일 기름

관련 단어

□ **element** [éləmənt] 엘러먼트 요소, 성분(component, ingredient)

□ **gold** [gould] 골드 금

□ **silver** [sílvəːr] 실버 은

□ **bronze** [brɑnz] 브런즈 동, 청동

□ **iron** [áiərn] 아이언 철

□ **steam** [stiːm] 스팀 증기

□ **sound** [saund] 사운드 소리

□ **power** [páuər] 파워 힘

☐ **acid** [ǽsid] 애시드 산(酸)

Lemon contains much citric acid.
레몬에는 구연산이 풍부하다.

☐ **alkali** [ǽlkəlài] 앨컬라이 알칼리

☐ **aluminum** [əlú:mənəm] 얼루머넘 알루미늄

☐ **calcium** [kǽlsiəm] 캘시엄 칼슘

☐ **chrome** [kroum] 크로움 크롬

☐ **cadmium** [kǽdmiəm] 캐드미엄 카드뮴

☐ **magnesium** [mægníːziəm] 맥니지엄 마그네슘

☐ **hydrogen** [háidrədʒən] 하이드러전 수소

☐ **oxygen** [áksidʒən] 악시전 산소

☐ **nitrogen** [náitrədʒən] 나이트러전 질소

☐ **zinc** [ziŋk] 징크 아연

☐ **manganese** [mǽŋgənìːz] 맹거니즈 망간

☐ **lead** [led] 렛 납

☐ **mercury** [mə́ːrkjuri] 머커리 수은, 수성, 온도계

☐ **heavy metal** 헤비메틀 중금속

☐ **dissolve** [dizálv] 디잘브 녹다(melt), 분해시키다

Does this solid dissolve in water?
이 고체는 물에 녹습니까?

☐ **impure** [impjúər] 임퓨어 불순한

☐ **contaminate** [kəntǽmənèit] 컨테미네잇 오염시키다(pollute)

1 수

2 인간

3 가정

4 사회

5 교통

6 업무

7 쇼핑

8 스포츠/취미

9 자연

Good words

Weapons are an important factor in war, but not the decisive one; it is man and not materials that counts. -Mao Zedong-

무기는 전쟁에서 중요한 요소지만 결정적인 것은 아니다. 중요한 것은 물질이 아니라 사람이다. – 마오 쩌둥–

Jokes

Q: What is the chemistry teacher's favorite type of tree?

화학 선생이 제일 좋아하는 나무는 무엇인가?

A: A chemistree.

케미스트리.

* chemistry(화학)와 tree(나무)를 합성한 말장난입니다.

Q: Why did the white bear dissolve in water?

흰 곰은 왜 물에 녹았을까요?

A: Because it was polar.

왜냐하면 북극이니까.

*polar는 북극, 남극을 가리키기도 하지만 '이온화한'이란 뜻도 있습니다.

12 color 색상

□ **white** [*h*wait]

화이트 흰색

□ **gray** [grei]

그레이 회색

□ **black** [blæk]

블랙 검정

□ **pink** [piŋk]

핑크 분홍

□ **yellow** [jélou]

옐로우 노랑

□ **orange** [ɔ́:rindʒ]

오린쥐 주황색

□ **brown** [braun]

브라운 갈색

□ **green** [gri:n]

그린 녹색

□ **purple** [pə́:rpəl]

퍼플 보라색

1 수

2 인간

3 가정

4 사회

5 교통

6 업무

7 쇼핑

8 스포츠/취미

9 지역

☐ **blue** [bluː]

블루 청색

☐ **navy blue**

[néivi bluː] 네이비블루

짙은 청색

☐ **bluish green**

블루이쉬 그린

청록색(cyan)

☐ **ivory** [áivəri]

아이버리 상아색

☐ **yellow-green**

옐로우그린

연두색(pea-green)

☐ **beige** [beiʒ]

베이쥐 베이지색

☐ **silver** [sílvəːr]

실버 은색

☐ **khaki** [kǽki]

캐키 카키색

☐ **red** [red] 레드 빨강

I don't wear such a red skirt.

그런 빨간 치마는 입지 않아요.

413

☐ **bluish** [blúːiʃ] 블루이쉬 파란색이 도는
  Bruises look bluish.
  멍든 상처는 푸르스름하게 보인다.

☐ **reddish** [rédiʃ] 레디쉬 불그스름한

☐ **reddish brown** 레디쉬 브라운 적갈색(sepia)

☐ **hue** [hjuː] 휴 색상, 빛깔(tint)

☐ **decolor** [diːkʌ́lər] 디컬러 탈색하다, 표백하다

Dialogue

A: What is yellow on the inside and green on the outside?
속은 노란데 겉은 연두색인 것은?

B: It's a banana.
바나나입니다.

Q: What happens when you throw green gloves into the Red Sea?
홍해에 푸른 장갑을 던지면 어떻게 되나요?

A: It gets wet.
젖어요.

1 수

2 인간

3 가정

4 사회

5 교통

6 업무

7 쇼핑

8 스포츠/취미

9 자연

□ **star** [sta:r]

스타 별

□ **sun** [sʌn]

썬 해, 태양

□ **earth** [ə:rθ] 어쓰 지구

□ **moon** [mu:n] 문 달

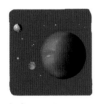

□ **planet** [plǽnət]

플레닛 행성

□ **shooting star** [ʃúːtiŋ stɑːr]

슈팅스타 유성, 별똥별

□ **crescent** [krésənt]

크레슨트 초승달

□ **half moon**

[hæf muːn] 해프문 반달

□ **full moon**

[ful muːn] 풀문 보름달

415

☐ **eclipse** [iklíps] 이클립스 일식, 월식
There will be a lunar eclipse tonight.
오늘밤 월식이 있을 것이다.

☐ **sky** [skai] 스카이 하늘

☐ **milky way** [mílki wei] 밀키웨이 은하수

☐ **constellation** [kànstəléiʃən] 칸스털레이션 별자리

☐ **immeasurable** [iméʒərəbl] 이메저러블 측정할 수 없는, 광대한

☐ **infinite** [ínfənət] 인피닛 한없는, 무한한(boundless)

☐ **orbit** [ɔ́:rbit] 오빗 궤도

☐ **satellite** [sǽtəlàit] 세털라이트 (인공)위성

☐ **galaxy** [gǽləksi] 갤럭시 은하계

☐ **astronomy** [əstránəmi] 어스트라너미 천문학

☐ **astronaut** [ǽstrənɔ̀:t] 애스트러노트 우주비행사

☐ **space shuttle** [speis ʃʌ́tl] 스페이스 셔틀 우주왕복선

☐ **technology** [teknálədʒi] 테크놀로지 (과학)기술

☐ **extraterrestrial** [ekstrətəréstriəl] 엑스트러 터레스트리얼 외계인

☐ **the solar system** 솔라 시스템 태양계

☐ **Mercury** [mɔ́:rkjuri] 머커리 수성

☐ **Venus** [ví:nəs] 비너스 금성
You can see Venus with the naked eye.
금성은 육안으로 볼 수 있다.

☐ **Mars** [mɑ:rz] 마르즈 화성

1 수

2 인간

3 가정

4 사회

5 교양

6 업무

7 쇼핑

8 스포츠/취미

9 자연

☐ **Jupiter** [dʒúːpitər] 주피터 목성

☐ **Saturn** [sǽtərn] 새턴 토성

☐ **Uranus** [júərənəs] 유어러너스 천왕성

☐ **Neptune** [néptjuːn] 넵튠 해왕성

☐ **Pluto** [plúːtou] 플루토우 명왕성

Jokes

Q: What do planets like to read?

행성이 보고 싶어하는 책은?

A: Comet books!

혜성책.

*comic book(만화책)과 comet(혜성)을 연관시킨 조크입니다.

Q: Why don't astronauts keep their jobs very long?

우주비행사는 왜 직업을 오래 유지하지 않나요?

A: Because as soon as they start they get fired.

왜냐하면 시작하자마자 짤리니까요.

*get fired는 짤리다, 해고되다라는 의미와 발사되다라는 의미도 있음.

Unit

14 earth 지구

☐ **land** [lænd]

랜드 육지

☐ **ocean** [óuʃən]

오우션 대양

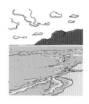

☐ **sea** [siː]

씨 바다

☐ **continent**

[kántənənt] 칸터넌트 대륙

☐ **mountain range** [~ reindʒ]

마운틴 레인지 산맥

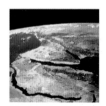

☐ **peninsula** [pinínsələ]

피닌슐러 반도

We live in the Korean Peninsula.

우리는 한반도에 살고 있다.

☐ **island** [áilənd]

아일런드 섬

□ **latitude**

[lǽtətjùːd]

래티튜드 **위도**

□ **longitude**

[lándʒətjùːd]

란저튜드 **경도**

□ **equator**

[ikwéitər]

이퀘이터 **적도**

□ **desert** [dézərt]

데저트 **사막**

□ **atmosphere**

[ǽtməsfìər] 앳머스피어 **대기**

□ **channel**

[tʃǽnl] 채널 **해협**

□ **North Pole** [nɔːrθ poul]

노쓰 포울 **북극**

□ **Arctic** [áːrktik] 악틱 **북극의**

□ **South Pole** [sauθ poul]

사우쓰 포울 **남극**

□ **Antarctic** [æntáːrktik]

앤탁틱 **남극의**

1 수

2 인간

3 가정

4 사회

5 교통

6 업무

7 쇼핑

8 스포츠/취미

9 자연

☐ **bay** [bei] 베이 만

☐ **Tropic of Cancer** [~ kǽnsər] 추라픽 어브 캔서 북회귀선

☐ **Tropic of Capricorn** [~ kǽprikɔ̀:rn] 추라픽 어브 캐프리콘 남회귀선

☐ **meridian** [mərídiən] 머리디언 자오선

☐ **the northern hemisphere** [~ hémisfiər] 노던 헤미스피어 북반구

☐ **the southern hemisphere** 서던 헤미스피어 남반구

☐ **gravity** [grǽvəti] 그래비티 중력, 중대함

Gravity is the force by which a planet draws objects toward its center.

중력이란 행성이 그 중심으로 물체를 당기는 힘이다.

☐ **rotation** [routéiʃən] 로우테이션 자전, 회전

☐ **earth's orbit** 어쓰 오빗 지구의 공전 궤도

☐ **Axial tilt** [ǽksiəl ~] 액시얼 틸트 자전축 기울기

☐ **huge** [hju:dʒ] 휴쥐 거대한(immense, enormous)

☐ **tiny** [táini] 타이니 작은

Jokes

The teacher asked little Tommy:

"How can you prove the earth is round?"

교사가 어린 토미에게 묻는다.

"지구가 둥글다는 걸 어떻게 증명할 수 있지?"

Tommy replied: "I can't. Besides, I never said it was."

토미가 대답한다. "못해요. 글구 제가 언제 지구가 둥글다고 주장했나요?"

1 수

2 인간

3 가정

4 사회

5 교통

6 업무

7 쇼핑

8 스포츠/취미

9 지역

Unit

15 position 위치

□ **inside** [ìnsáid] 인사이드 안
□ **outside** [áutsáid] 아웃사이드 밖
□ **inner** [ínər] 이너 내부의
□ **outer** [áutər] 아우터 외부의

□ **right** [rait]
라이트 오른쪽

□ **left** [left]
레프트 왼쪽

□ **front** [frʌnt]
프런트 정면, 앞쪽

back [bæk]
백 뒤쪽

side [sáid] 사이드 옆, 측면

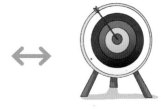

□ **center** [séntər] 센터
가운데, 중앙

421

□ **above** [əbʌ́v] 어법

위쪽에

□ **opposite** [ápəzit]

아퍼짓 건너편에

□ **below** [bilóu] 빌로우

아래쪽에

□ **between** [bitwíːn]

비퉨 사이에

□ **from home to the station**

프럼 홈투 더스테이션 집에서부터 역까지

관련 단어

□ **surface** [sə́ːrfis] 서피스 표면, 겉

□ **in front of** 인프런트 어브 ~앞에 ↔ **behind** [biháind] 비하인드 ~뒤에

□ **border** [bɔ́ːrdər] 보더 가장자리, 테두리(edge)

□ **across** [əkrɔ́ːs] 어크로스 건너편에

□ **on top of** 언탑 어브 위에 ↔ **under** [ʌ́ndər] 언더 아래

□ **top** [tap] 탑 꼭대기 ↔ **bottom** [bátəm] 바텀 바닥

□ **near** [niər] 니어 가까운 ↔ **far** [faːr] 파 먼

□ **up** [ʌp] 업 위로 ↔ **down** [daun] 다운 아래로

□ **north** [nɔːrθ] 노쓰 북쪽

□ **south** [sauθ] 사우쓰 남쪽

□ **east** [iːst] 이스트 동쪽

□ **west** [west] 웨스트 서쪽

1 수

2 인간

3 가정

4 사회

5 교통

6 업무

7 쇼핑

8 스포츠/취미

9 지역

Unit

16 antonym 중요 반대말

□ **tall**
[tɔːl] 톨
(키가) 크다

□ **short**
[ʃɔːrt] 숏
(키가) 작다

□ **high**
[hai] 하이
높다

□ **low**
[lou] 로우
낮다

□ **bright** [brait] 브라이트 밝다

□ **dark** [dɑːrk] 다크 어둡다

□ **new** [nuː] 누
새로운(fresh)

□ **old** [ould]
오울드 낡은

424

1 수

2 인간

3 가정

4 사회

5 교통

6 업무

7 쇼핑

8 스포츠/취미

9 자연

☐ **light** [lait] 라이트 가볍다   ☐ **heavy** [hévi] 헤비 무겁다

☐ **wide** [waid] 와이드 넓다   ☐ **narrow** [nǽrou] 내로우 좁다

☐ **fast** [fæst] 패스트 빠르다   ☐ **slow** [slou] 슬로우 느리다

□ **beautiful** [bjúːtəfəl]

뷰터펄 아름답다

□ **ugly** [ʌ́gli] 어글리 추하다

□ **clean** [kliːn] 클린 깨끗한

□ **dirty** [dɔ́ːrti] 더티 더러운

□ **sharp** [ʃɑːrp] 샤프

예리하다(acute, keen)

□ **dull** [dʌl] 덜 둔하다(blunt)

□ **tight** [tait] 타이트 팽팽하다, 꽉 조인

□ **loose** [luːs] 루스 느슨하다

1 수

2 인간

3 가정

4 사회

5 교통

6 업무

7 쇼핑

8 스포츠/취미

9 자연

☐ **open** [óupən] 오우픈 열다　　☐ **close** [klóuz] 클로우즈 닫다

☐ **full** [ful] 풀 가득한　　☐ **empty** [émpti] 엠프티 텅빈

☐ **dry** [drai] 드라이 마른, 건조한　　☐ **wet** [wet] 웻 젖은

☐ **day** [dei] 데이 낮　　☐ **night** [nait] 나이트 밤

427

☐ **early bird** 얼리버드

부지런한 사람

☐ **lazy man** 레이지맨

게으른 사람

☐ **rich** [ritʃ] 리치 부유한

☐ **poor** [puər] 푸어 가난한

☐ **attack** [ətǽk] 어택 공격
☐ **defence** [diféns] 디펜스 방어

☐ **married** [mǽrid] 매리드 결혼한

☐ **single** [síŋgəl] 싱글 미혼의

1 수

2 인간

3 가정

4 사회

5 교통

6 업무

7 쇼핑

8 스포츠/취미

9 자연

관련 단어

□ **big** [big] 빅 크다 ↔ □ **small** [smɔːl] 스몰 작다

□ **light** [lait] 라잇 빛 ↔ □ **darkness** [dáːrknis] 닥니스 어둠

□ **cheerful** [tʃíərfəl] 치어풀 유쾌한(joyful) ↔ □ **unpleasant** [ənplézənt]
언플레전트 불쾌한

□ **bless** [bles] 블레스 축복하다 ↔ □ **curse** [kəːrs] 커스 저주하다

□ **good** [gud] 굿 선 ↔ □ **evil** [íːvəl] 이블 악

□ **modest** [mádist] 마디스트 겸손한 ↔ □ **arrogant** [ǽrəgənt] 애러건트
거만한(immodest)

□ **fat** [fæt] 팻 뚱뚱하다 ↔ □ **thin** [θin] 씬 마르다

□ **cold** [kould] 코울드 춥다 ↔ □ **hot** [hɑt] 핫 덥다

□ **happy** [hǽpi] 해피 행복한 ↔ □ **sad** [sæd] 새드 슬픈

□ **bad** [bæd] 뱃 나쁜 ↔ □ **good** [gud] 굿 좋은

□ **strong** [strɔŋ] 스트롱 강한 ↔ □ **weak** [wiːk] 위크 약한

□ **beginning** [bigínin] 비기닝 시작 ↔ □ **end** [end] 엔드 끝

□ **praise** [preiz] 프레이즈 칭찬하다(admire) ↔ □ **blame** [bleim] 블레임
비난하다(criticize)

□ **attend** [əténd] 어텐드 출석하다 ↔ □ **be absent** [~ ǽbsənt] 비 앱슨트
결석하다

□ **fair** [fɛər] 페어 공정한 ↔ □ **unfair** [ənféər] 언페어 부당한

429

Asia 에이저 Asian 에이전

□ 뉴질랜드 New Zealand 뉴질런드
□ New Zealander 뉴질랜더 490만

□ 대만 Taiwan 타이완
□ Taiwanese 타이와니즈 2,380만

□ 라오스 Laos 라오우스
□ Laotian 레이오우션 730만

□ 말레이시아 Malaysia 멀레이저
□ Malaysian 멀레이전 3,200만

□ 몽골 Mongolia 망고울리아
□ Mongol 망걸 320만

□ 미얀마 Myanmar 미앤마
□ Myanmarese 미앤머리즈 5,400만

□ 방글라데시 Bangladesh 방글러데쉬
□ Bangladeshi 방글러데쉬 1억6천만

□ 베트남 Vietnam 뷔엣남
□ Vietnamese 비엣너미즈 9,700만

1 수

2 인간

3 가정

4 사회

5 교통

6 업무

7 쇼핑

8 스포츠/취미

9 지역

□북한 **North Korea** 노쓰커리어
　□**North Korean** 노쓰커리언 2,500만

□사우디아라비아 **Saudi Arabia** 사우디어레이비어
　□**Saudi Arabian** 사우디어레이비언 3,300만

□우즈베키스탄 **Uzbekistan** 우즈베키스탠
　□**Uzbeg** 우즈벡 3,300만

□이라크 **Iraq** 이랙
　□**Iraqian** 이래키언 4,000만

□이란 **Iran** 이랜
　□**Iranian** 이래니언 8,200만

□이스라엘 **Israel** 이즈리얼
　□**Israeli** 이즈레일리 860만

□인도 **India** 인디어
　□**Indian** 인디언 13억

□인도네시아 **Indonesia** 인도우니저
　□**Indonesian** 인도우니전 2억6천만

□일본 **Japan** 저팬
　□**Japanese** 재퍼니즈 1억2천6백만

431

□ 중국 China 차이너
　□ Chinese 차이니즈 14억

□ 카자흐스탄 Kazakhstan 카작스탄
　□ Kazakh 카작 1,880만

□ 캄보디아 Cambodia 캠보우디어
　□ Cambodian 캠보우디언 1,670만

□ 태국 Thailand 타일런드
　□ Thai 타이 6,600만

□ 터키 Turkey 터키
　□ Turkish 터키쉬 8,200만

□ 파키스탄 Pakistan 파키스탄
　□ Pakistani 파키스타니 2억

□ 필리핀 Philippines 필러핀즈
　□ Filipino 필러피노우 1억8백만

□ 한국 South Korea 사우쓰커리어
　□ South Korean 사우쓰커리언 5,100만

□ 호주 Australia 오스트레일려
　□ Australian 오스트레일련 2,560만

1 수

2 인간

3 가정

4 사회

5 교통

6 업무

7 쇼핑

8 스포츠/취미

9 지역

America 어메리카 American 어메리컨

*America는 미국을 뜻하기도 하고 남북아메리카 전체를 뜻하기도 함.

□ 멕시코 Mexico 멕시코우
　□ Mexican 멕시컨 1억2천만

□ 미국 U. S. A 유에세이
　□ American 어메리컨 3억3천만

□ 베네수엘라 Venezuela 베너줴일러
　□ Venezuelan 베너줴일런

□ 브라질 Brazil 브러질
　□ Brazilian 브러질련 2억1천만

□ 아르헨티나 Argentina 알전티너
　□ Argentine 알전틴 4,400만

□ 칠레 Chile 칠리
　□ Chilean 칠리언 1,910만

□ 캐나다 Canada 캐너더
　□ Canadian 커네이디언 3,690만

□ 콜롬비아 Colombia 컬럼비어
　□ Colombian 컬럼비언 5,090만

433

□ 쿠바 Cuba 큐버
  □ Cuban 큐번 1,100만

□ 페루 Peru 퍼루
  □ Peruvian 퍼루비언 3,300만

Europe 유럽 European 유러피언

□ 그리스 Greece 그리스
  □ Greek 그리크 1,100만

□ 네덜란드 Netherlands 네덜런즈
  □ Dutch 더취 1,700만

□ 노르웨이 Norway 놀웨이
  □ Norwegian 놀위전 540만

□ 덴마크 Denmark 덴막
  □ Dane 데인 580만

□ 독일 Germany 저머니
  □ German 저먼 8,300만

1 수

2 인간

3 가정

4 사회

5 교통

6 업무

7 쇼핑

8 스포츠/취미

9 지연

러시아 **Russia** 러셔
Russian 러션 1억6천만

루마니아 **Romania** 로우메니어
Romanian 로우메니언 1,920만

스웨덴 **Sweden** 스위든
Swede 스위드 1,000만

스위스 **Switzerland** 스위철런드
Swiss 스위스 850만

스페인 **Spain** 스페인
Spanish 스패니시 4,700만

아일랜드 **Ireland** 아이얼런드
Irish 아이리쉬 500만

영국 **United Kingdom** 유나이팃 킹덤
British 브리티시 6,600만

오스트리아 **Austria** 오스트리어
Austrian 오스트리언 870만

우크라이나 **Ukraine** 유크레인
Ukrainian 유크레이니언 4,300만

□ 이탈리아 Italy 이털리
　　□ Italian 이탤리언 6,000만

□ 체코 Czech 첵
　　□ Czech 첵 1,070만

□ 포르투갈 Portugal 포처걸
　　□ Portuguese 포처기즈 1,000만

□ 폴란드 Poland 폴런드
　　□ Pole 포울 3,800만

□ 프랑스 France 프랜스
　　□ French 프렌치 6,700만

□ 핀란드 Finland 핀랜드
　　□ Finnish 피니쉬 550만

□ 헝가리 Hungary 헝거리
　　□ Hungarian 헝게어리언 970만

Africa 아프리카 African 아프리칸

□ 가나 Ghana 가너
　　□ Ghanaian 가니언 3,100만

□ 나이지리아 Nigeria 나이지리어
　　□ Nigerian 나이지리언 2억

□ 남아공 South Africa 사우쓰 아프리카
　　□ South African 사우쓰 아프리컨 5,800만

□ 이디오피아 Ethiopia 이디오우피어
　　□ Ethiopian 이디오우피언 9,800만

□ 이집트 Egypt 이집트
　　□ Egyptian 이집션 9,900만

□ 케냐 Kenya 케녀
　　□ Kenyan 케년 5,400만

□ 탄자니아 Tanzania 탠저니어
　　□ Tanzanian 탠저니언 5,980만

1 수
2 인간
3 가정
4 사회
5 교통
6 업무
7 쇼핑
8 스포츠/취미
9 지역

☐ **country** [kʌ́ntri] 컨추리 나라, 국가(nation)

☐ **territory** [térətɔ̀ːri] 테러토리 국토, 영역

☐ **border** [bɔ́ːrdər] 보더 국경, 경계

☐ **international relations** 인터내셔널 릴레이션즈 국제 관계

☐ **diplomatic relations** 디플로매틱 릴레이션즈 국교

☐ **capital** [kǽpitl] 캐피털 수도

☐ **city** [síti] 시티 도시

☐ **province** [prɑ́vins] 프라빈스 지역(region), 주(州), 도(道)

☐ **environment** [inváiərənmənt] 인바이어런먼트 (자연)환경(circumstance)

☐ **culture** [kʌ́ltʃər] 컬쳐 문화

☐ **population** [pɑ̀pjəléiʃ] 파퓰레이션 인구

☐ **village** [vílidʒ] 빌리지 마을

☐ **home town** [hóumtàun] 홈타운 고향

1 수

2 인간

3 가정

4 사회

5 교통

6 업무

7 쇼핑

8 스포츠/취미

9 지역

미국에서 가장 흔한 이름과 성씨 순위

순위	남자	여자	성
1	**Michael** 마이클	**Brittany** 브리트니	**Smith** 스미스
2	**Christopher** 크리스토퍼	**Ashley** 애슐리	**Johnson** 존슨
3	**Matthew** 매튜	**Jessica** 제시카	**Williams** 윌리엄즈 **Williamson** 윌리엄슨
4	**Joshua** 조슈아	**Amanda** 아만다	**Brown** 브라운
5	**Andrew** 앤드류	**Sarah** 새라	**Jones** 존스
6	**James** 제임스	**Megan** 메건	**Miller** 밀러
7	**John** 존	**Caitlin** 케이틀린	**Davis** 데이비스
8	**Nicholas** 니콜러스	**Samantha** 사만다	**Martin** 마틴 **Martinez** 마티네즈
9	**Justin** 저스틴	**Stephanie** 스테파니	**Anderson** 앤더슨
10	**David** 데이빗	**Katherine** 캐서린	**Wilson** 윌슨

♥ **여자 애칭**

- **Amanda** 아만다 → **Mandy** 맨디
- **Anna** 애나 → **Ann** 앤, **Annie** 애니
- **Anne** 앤 → **Nan** 낸, **Nancy** 낸시
- **Barbara** 바버라 → **Bab** 밥, **Bobbie** 바비

439

- Caroline 캐롤라인 → Carol 캐럴, Carrie 캐리
- Catherine 캐서린 → Cathy 캐시
- Christina 크리스티나 → Chris 크리스
- Cynthia 신시아 → Cindy 신디
- Deborah 데보라 → Debbie 데비
- Dorothy 도로시 → Dora 도라
- Eleanor 엘리노어 → Ellie 엘리, Ellen 엘렌
- Elizabeth 엘리자베스 → Eliza 엘리자, Liz 리즈, Betty 베티
- Helen 헬렌 → Nellie 넬리, Nel 넬
- Jacqueline 재클린 → Jackie 재키
- Jane 제인 → Jenny 제니
- Janet 재닛 → Jan 잰
- Jennifer 제니퍼 → Jenny 제니, Jen 젠
- Jessica 제시카 → Jessie 제시
- Joanna 조애너 → Jo 조
- Judith 주디스 → Judy 주디
- Katherine 캐서린 → Karen 카렌
- Larissa 라리사 → Lacey 레이시
- Laura 로라 → Laurie 로리
- Lillian 릴리언 → Lilli, Lily 릴리

1 수

2 인간

3 가정

4 사회

5 교통

6 업무

7 쇼핑

8 스포츠/취미

9 지역

- Lucile 루실 → Lucie 루시
- Margaret 마가렛 → Maggie 매기, Meg 멕, Meggan 메건
- Martha 마사 → Mart 마트, Marty 마티, Mat 맷
- Mary 메어리 → Molly 몰리, Polly 폴리
- Matilda 마틸다 → Matty 매티, Tilda 틸다
- Nicole 니콜 → Nickie 니키
- Pamela 파멜라 → Pam 팸
- Patricia 패트리샤 → Pat 팻, Patty 패티
- Penelope 페넬로페 → Penney, Pennie 페니
- Rebecca 레베카 → Becky 베키
- Samantha 사만사 → Sam 샘
- Sophia 소피아 → Sophie 소피, Sophy 소피
- Susan 수전 → Sue 수, Suzie 수지
- Theresa 테레사 → Terry 테리

♠ 남자 애칭

- Abraham 에이브러햄 → Abe 에이브
- Albert 앨버트 → Al 앨
- Alfred 알프레드 → Al 앨
- Anthony 앤서니 → Tony 토니

- Arthur 아더 → Art 아트, Artie 아티

- Benjamin 벤저민 → Ben 벤

- Charles 찰스 → Charlie, Charley 찰리

- Christopher 크리스토퍼 → Chris 크리스

- Daniel 대니얼 → Dan 댄, Danny 대니

- Dominic 도미닉 → Nick 닉

- Donald 도널드 → Don 돈, Donnie 도니

- Edgar 에드가 → Ed 에드

- Edmund 에드문드 → Ed 에드

- Edward 에드워드 → Ed 에드, Eddie 에디

- Edwin 에드윈 → Ed 에드, Ned 네드

- Frederick 프레더릭 → Fred 프레드, Freddie 프레디

- Henry 헨리 → Hal 할, Hank 행크, Harry 해리

- James 제임스 → Jim 짐, Jimmy, Jimmie 지미

- John 존 → Jack 잭, Johnny, Johnnie 조니

- Joseph 조지프 → Joe 조

- Joshua 조슈아 → Josh 조쉬

- Lawrence 로렌스 → Larry 래리

- Melvin 멜빈 → Mel 멜

- Michael 마이클 → Mike 마이크, Mickey 미키

- **Nicholas** 니컬러스 → **Nick** 닉, **Nicky** 니키
- **Patrick** 패트릭 → **Pat** 팻
- **Raymond** 레이먼드 → **Ray** 레이
- **Richard** 리차드 → **Dick** 딕, **Dicky** 디키, **Rick** 릭
- **Robert** 로버트 → **Rob** 랍
- **Samuel** 새무얼 → **Sam** 샘, **Sammy** 새미
- **Stephen** 스티븐 → **Steve** 스티브
- **Theodore** 시어도어 → **Ted** 테드, **Teddy** 테리
- **Thomas** 토마스 → **Tom** 탐, **Tommy** 타미
- **Timothy** 티모시 → **Tim** 팀, **Timmy** 티미
- **Walter** 월터 → **Walt** 월트
- **William** 윌리엄 → **Bill** 빌, **Billy** 빌리, **Will** 윌

1 수
2 인간
3 가정
4 사회
5 교통
6 업무
7 쇼핑
8 스포츠/취미
9 지역

Self Test 연 습 문 제

1 다음 그림을 영단어와 맞게 연결하세요.

sparrow   owl   falcon   skylark   parrot

2 다음 영어를 한글로 바꾸세요.

a) tuna _____   oyster _____

   salmon _____   flatfish _____

b) sprout _____   eggplant _____

   persimmon _____   rotten _____

c) plateau _____   slope _____

   marsh _____   volcano _____

d) drought _____   calamity _____

   shelter _____   humid _____

3 다음 빈칸에 맞는 영단어를 쓰시오.

a) I _____ by a mosquito. 나는 모기한테 물렸어.

b) The forest remains _____ . 숲은 미개발로 남아 있다.

c) Today's weather is _____ . 오늘 날씨는 불안정하다.

d) This cleaner _____ electricity. 이 청소기는 전기로 움직인다.

e) You can see Venus _____ . 금성은 육안으로 볼 수 있다.

4 다음 우리말을 영어로 바꾸세요.

a) 토양 _____   액체 _____

  청동 _____   수소 _____

b) 행성 _____   초승달 _____

  유성 _____   월식 _____

c) 천문학 _____   위도 _____

  대기 _____   중력 _____

d) 부지런한 사람 _____   유쾌한 _____

  겸손한 _____   거만한 _____

5 다음 그림을 영단어와 맞게 연결하세요.

· · · · ·

· · · · ·

iris chrysanthemum dandelion azalea orchid

INDEX

부록

INDEX 영어 색인

449

451

453

459

460

464

467

477

479

482

486

491

495

501

509

수

그림과 회화 속에서 쉽게 배우는
주제별 영단어 4000

초판 6쇄 발행 | 2024년 3월 25일

지은이 | 이형석
디자인 | 강성용
일러스트 | 황종익, 정병철
제　작 | 선경프린테크
펴낸곳 | Vitamin Book
펴낸이 | 박영진

등　록 | 제318-2004-00072호
주　소 | 07250 서울특별시 영등포구 영등포로 37길 18 리첸스타2차 206호
전　화 | 02) 2677-1064
팩　스 | 02) 2677-1026
이메일 | vitaminbooks@naver.com

© 2020 Vitamin Book
ISBN 979-11-89952-64-8 (13740)